# 第一印象に縛られるな！

飛び込み営業10万件が生んだ、マイナスイメージリセット術

二瓶 達 Satoru Nihei

Nanaブックス

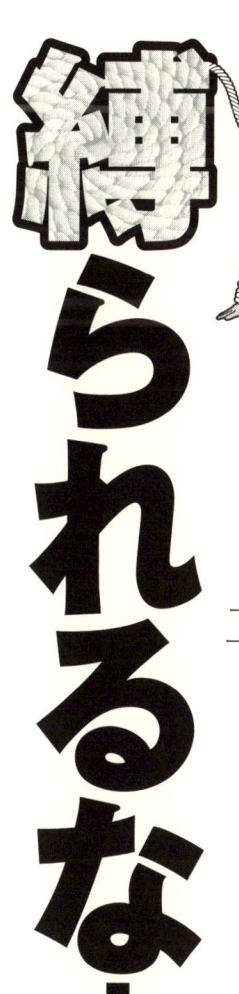

装丁／本文デザイン――井上祥邦（yockdesign）
カバーイラスト――渡辺鉄平
本文イラスト――若生ひとみ（ルビーデザイン）
ＤＴＰ――福原武志（エフ・クリエイト）

# はじめに

## ◆第一印象は取り返すことができる

あなたは第一印象という言葉に、どのようなイメージをもっていますか？「失敗が出来ないもの」といったプレッシャーにつながる言葉でしょうか？　それとも、「あの人はなんで？」といったネガティブな感情でしょうか？

第一印象とは、あくまで一番初めの印象です。私は営業でそのことを学びました。もしも初めの印象が変化しないとしたら、一度断られたお客様からご契約をいただくことはないはずです。「第一印象で失敗してしまった」「その印象は取り返せない」と諦めてしまう前に、印象を感じ取る仕組みをひも解いてみませんか？　本書では、身近な事例と心理学を結びつけながら、印象の仕組みを解説していきます。「第一印象は取り返すことが出来る」という根拠がそこにあります。あなたを縛りつけている第一印象のロープを解いていきましょう。

## ◆一杯のかけ蕎麦が人生を変えていくように、私も1ページの中に『想いを込めたい』

私が社会人になった1990年は、バブル景気の名残があったころで、多くの人が中流意識をもっていました。それは学生の私にとっても同様で、複数の会社から内定がもらえる状態が続くと、ひょっとすると〝自分は優秀なんじゃないか〟と有頂天になっていたように思います。

だからだったのでしょう。採用担当者の感じのよさに引かれ、その気になって入った会社で、人生最大の試練を経験することになりました。

新卒で入った会社（現在は倒産してしまいました）は、消毒・リフォームに始まり、浄水器まで扱っている営業会社。つまりは訪問販売でした。ところが、学生のころボランティアをやっていた私は、人と話すことはできるだろうと、高をくくっていたのです。現実は甘くありませんでした。ボランティアという立場と、営業マンという立場。

公園で会うのか玄関先で会うのか、違いはたったそれだけのはず。ところが、あんなに優しそうな笑顔のおじいさんが、信じられないくらい冷たく怖い人になっていることにショックを受けたことを憶えています。「もう辞めようかな」と、初めの志は脆くも崩れ去り、そうして彼女に会っても愚痴ばっかり……。

20代のころ、私は自分の印象を含め、すべてに自信を無くしてしまっていたのでした。

1日100件、10日で1，000件。それが毎日の訪問件数です。

5年が経って振り返ると、すでに訪問件数は10万件を超えていました。

30歳のときに人事部に転属になり、そこで担当した仕事が離職抑制のプロジェクト。入社したて、20代の若手が辞めていくのに歯止めをかけろ。それが私に課せられた仕事。20代というと、ちょうど私も会社を辞めたかったころです。そんな同じ思い、経験をしていた私です。若手を元気づけることなど、果たしてできるのだろうかと悩んだものです。

## ◆「苦しんで、それでも頑張ってきた二瓶さんだから、このプロジェクトを任せられる」

ひとり夜中まで企画書を作っていた私に、当時専務が掛けてくれた言葉です。この言葉が〝現在の私〟を決定づけたと今でも思っています。

会社を辞めたくなったときのこと。やる気がでてきたときのこと。みんなで笑った、人知れず泣いた、気持ちが空回りしたときのこと。こうした20代の自分を思い返して、心の動きを辛かったことだけでなく、嬉しかったことも全部、レポート用紙に書き出しました。第一印象ではない、私自身を見てくれた専務の言葉に応えようと思ったのです。

## ◆一度ついてしまった印象で、今これからを諦めて欲しくない。

第一印象はとても大切ですが、人の評価を決定していく鍵は第二印象にあります。

今は、安易に転職ができない時代です。私が相談を受けているカウンセリングの現場でも、転職という方法でしかリセットの方法を知らないビジネスマンも多く、現業に行き詰まりを抱えている人が多いのです。印象は上書きすることができるし、評価もまた取り返すことができることを、私は本書で伝えたいと思っています。

玄関先での1分間の中にだって、印象を上書きすることができるチャンスはあったのです。

諦めてほしくない。今からでもやり直しができるという気持ちをもってほしいのです。

私の料理（本）を待っている人がいるのであれば、私は、最高の食材（経験）に最高の味付け（想い）をプラスして、食卓（書店）へ並べたい。それで、一人でも多くの〝挫けそうになっている人〟に転機を作っていきたいと望んでいます。

## 第1章 誤解だらけの第一印象の神話は捨ててしまおう

## 第2章 第一印象ですべてが決まるわけじゃない！

## 第4章　ゲインロス&ピークエンド。ギャップの名士に教わろう！

## 第5章 取り戻した印象はキープさせよう！

Do not depend on the first impression!

# 第１章

# 誤解だらけの第一印象の神話は捨ててしまおう

“第一印象 が大切”。少し違います。

“第一印象も大切”が本当のところ。

友人と付き合うとき、また仕事上で契約を交わすとき、

第一印象さえよければ大丈夫でしょうか？

そんなことはないですよね。

あなたの印象を決定づけるのは、

第一印象だけではないのです。あなたがもし、

表面的な印象を気にしているのなら……。

それは第一印象の神話に縛られているのかも知れません。

第一印象の誤解を解き、あなたを縛りつけていた

神話のロープを捨ててしまいましょう！

## 出会って6秒の世界　〜メラビアンの法則〜

「メラビアンの法則」という言葉を知っていますか？　現在あふれている多くの心理学用語やコミュニケーションの法則には、正しく理解していないとその内容に自分の行動が縛られかねないものがあります。その代表的なものが、メラビアンの法則です。いまや新人研修やプレゼンテーション研修での必須項目にもなっている法則です。私はセミナー講師になりたてのころ、「二瓶さん、セミナー講師に一番大切なのは、資料でも話し方でもない。会場への入り方と第一声だぞ」と、それはメラビアンの法則に書いてあるとも教わりました。ところが講師になって5年ほど経ったある日、メラビアンの法則について調べてみると、そうした理論はどこにも書いていなかったのです。そこに書いてあったのは……。

視覚情報、聴覚情報、言語情報の割合で信用性の度合いが決まるというもの。**9割以上が視覚や聴覚といった表面的な情報に左右され、また、その評価にかかる時間は、実に6秒ほどであるとも言われています。**そこに、「第一印象」という言葉を説明している内容はありませんでした。

この研究結果は、数字の明快さと、「メラビアン」という印象に残りやすい名前から、多くの場面で紹介され続けました。そうして、研修の場やコミュニケーションを扱った書籍などを

**◉メラビアンの法則**

**アルバート・メラビアンという心理学者が提唱した法則である**

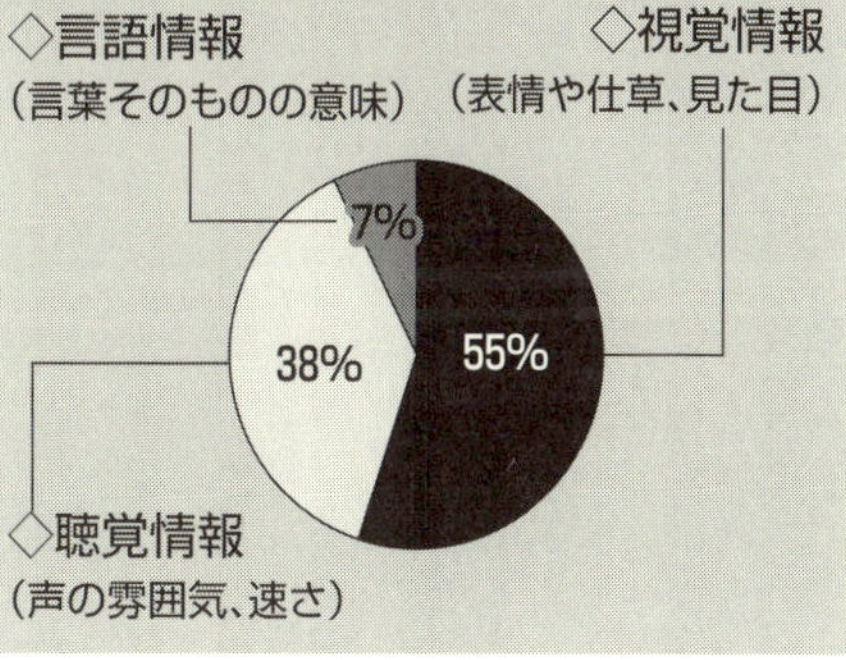


とおして広まったのです。今日、多くの場面で紹介されているメラビアンの法則は、伝言ゲームのように少しずつ拡大・応用された解釈の結果なのです。

たとえば、ビジネスで応用され続けていくと、キャッチコピーが生まれます。キャッチコピーを耳にすると、さらにインスピレーションが働きます。インスピレーションは、変化を起こす鍵。メラビアンの法則は変化に変化を重ね、〝一瞬の見た目が大切〟であるだとか、〝提案書もビジュアルが重要〟などと言われ始めたのです。私自身も、仕事の場面では身だしなみをはじめ、書面の文字（キーワード）が与える印象に至るまで、いつも気を配っています。ただしそれは、第一印象も大切だと考えているからなのです。第一印象「が」ではなく、第一印象「も」、に変えていくことが、縛られたロープを解く初めのステップなのです。

**★第一印象が大切ではなく、「も」大切という考え方でいこう！**

## 第一印象は6秒勝負？

縛りつけているロープの2本目。それは、**「第一印象は6秒で決まり、それは一生を通じてあまり変化することはない」**という第一印象の絶対神話ともいうべきものです。

この言葉を聞いていると、第一印象の重要性が身に染みる反面、ここで失敗したらもうだめなのかとも思いがちです。このロープに縛られていると、〝第一印象にだけ気を配る人〟や、〝初めに失敗してしまうと、すぐに諦めてしまう人〟になってしまうのです。

それでは、このロープを解いていきましょう。

◆まず初めに、友人でも、会社の同僚でも、いままであなたの周りにいた人を思い返してください。初めて会ったとき、どのような人だと思いましたか？

（おとなしそうな人だな）（気難しそうな人だな）（いい人そうだな）

◆次に、その方たちの中で、よくなった変化でも、悪くなった変化でも、その後の印象が変わった人を思い出してください。

（結構しっかりしているな）（意外と熱いところがあるじゃないか）（少し軽い感じだったなぁ）

いかがですか？　振り返ってみて、第一印象と違った人はいませんでしたか？　よい悪いは別として、**それは第一印象がすべてではないことを表しているのです。**

初対面では、さまざまな印象を相手にもちます。確かにものの数秒でイメージが決まることもあるでしょう。しかし、その印象がずっと変化しないわけではありません。なぜなら、私たちは今までの経験で、**第一印象は必ずしも当てにならないという経験**をもっているのですから。

確かに第一印象は、6秒もあれば私たちの中に相手のイメージを作り上げるでしょう。ただしそれは、一番初めの印象という意味です。第一印象とはつまり、「一番初めに抱いた印象は残り続ける」という意味なのです。しかしそこで「あぁ、やっぱり、第一印象で失敗したらダメだ」などと、思わないでください。

相手の魅力を感じるときのキーワードがわかりますか？　それはギャップです。つまり7秒目以降、2番目に与える印象と第一印象とのギャップによって、あなたの魅力を引き出していくことが可能なのです。7秒目からの世界、ギャップを魅せる技術については、第2章以降で詳しく紹介していきます。

**★第一印象は、あくまで一番初めの印象というだけの意味でしかない。**

## 解釈に大きな誤解があることは、あまり知られていない

出会って一番初めに届く情報は視覚的な情報です。それは顔の表情や服装などが当てはまります。提案書や書籍の場合でも、中身よりも表紙の見た目が重視されるのもまた同じ理由からです。私たちが何かを見るとき、目には対象物の形と色が飛び込んできます。つまり、外見が人に与えるイメージはとても大きく、第一印象を決める要素として欠かせないものなのです。

しかし……

《メラビアンの法則は誤解されて伝わった》

アメリカＵＣＬＡ大学の心理学者、アルバート・メラビアンが１９７１年に提唱した研究は、相手からの言葉を聞く際に、その信用・理解できる割合を、話し手の表情・声の調子、話（情報）の内容で比較したものでした。それは、見た目のよし悪しを研究したものではありませんでした。つまり、そもそもこの実験は、第一印象を検証したものではなかったのです。この実験は、「人は矛盾した情報が与えられたとき、聞き手は話し手のどこに注目して受け止めているのか」を調べたものだったのです。

実験は具体的には、このように行われました。

1. 笑顔の写真を見てもらいながら……。↓見た目
2. 怒気を含んだ声色がスピーカーから流れてくる。↓雰囲気
3. 〝ありがとう〟という単語を流してくる。↓言葉の意味

写真と音声を聞きながら行ったこの実験では、言葉の意味よりも、視覚や聴覚の影響が大きくなるのは当然でした。たとえば、取り調べのような場面を思い浮かべてください。「嘘をついているか？」という質問に答える相手が（うつむいて）（震えた声で）「いいえ、嘘はついていません」といっても、信じ難いですよね。つまり、メラビアンが提唱したこの研究は、同一の情報であっても、見た目や聞こえてくる感じ方によって、説得力が違ってくるということを検証した研究だったのです。

メラビアンの法則とは、第一印象を測るものでも、言葉の重要性を否定するものでもありません。もしも、第一印象＝メラビアン＝見た目が大事と思っていたとしたら、いますぐその考えは捨ててしまいましょう。

**★一瞬の見た目ですべてが決まってしまう、などということはない。**

# 訪問販売の営業マン時代

初対面での第一印象は、営業マンにとっては一番大事です。当時の私は、「第一印象を語らせたら右に出るものはいない」と言われるほど、同僚と研究し尽くしたものです。

私は、身だしなみから始まり、笑顔・立ち居振る舞い・話し方まで、とにかく印象アップに力を注いでいました。しかし悲しいことに、訪問販売では玄関先に立っているその時点で、閉まったドアのシルエット越し、インターフォンのカメラ越しで、すでに勝負がついていることが多かったのです。ほとんどのお客様は、訪問販売の営業マンに対しては悪い印象をもっています。つまり、マイナスからのスタートだったのです。このように、**印象は先入観やイメージで、あらかじめ作られていることもあるのです。**

先入観などで作られてしまう印象を説明する言葉に「ステレオタイプ」という心理学用語があります。たとえば、「営業マンの友達を今度紹介するよ」なんて言われたら、どうですか?

（きっと明るい人だろうな）（口がうまい人だろうな）（なんか売りつけられたりして）

あなたは、このように予め印象をもってしまうということはありませんか？　こうした連想したイメージのもち方のことを、ステレオタイプと呼びます。この場合、「営業マン＝きっと〜だろう」という、固定化された特徴、イメージを先入観として、紹介される友人の印象を先読みしてしまったのです。同じような状況は、「新入社員」「女性社員」「システムエンジニア」など、「きっと、こういう感じの人だろう」と思われてしまうものすべてに当てはまります。

新しい職場で自己紹介をしたら、理数系というだけで「〇〇さんは、きっと几帳面だから自分とは合わない人だろうな」などと、勝手に思い始めてしまう人が現れてしまうもの。ところが話をしてみたら、「なぁんだ、結構自分と合うかも」といった具合に、意外と変化してくるものでもあるのです。先読みの印象はあまり当てになりません。だから、印象が先読みされたとしても、〝戦う前から負けてしまう〟などということにはならないのです。もともと、印象はあまり当てにならないのですから先読みされたって大丈夫です。

先読みされる印象のメカニズムがわかったのなら、覆すことも可能なのです。先読みされる印象の、さらにその先を行けばよいのです。

**★自分がどう先読みされているのかを知ることに、逆転の鍵がある。**

## 第一印象が悪いと、「もうだめだ！」本当にそうだろうか？

あなたがもし、第一印象に縛られてしまっているとしたら、それは〝失敗できない〟という気持ちから起こっているのかもしれません。失敗できないという気持ちは、取り戻せないという考え方から生まれてきます。果たして第一印象は、取り戻せないものなのでしょうか？

正確に言うと、第一印象を取り消すことはできません。なにしろ、一番初めの印象であり、もうすでに過去の事象です。ただし、あなたの印象は第一印象がすべてではありません。第二印象（Second-impression）からが重要になってくるのです。**印象は、取り消すことはできないけれど、上書きできるのです。**

それでは、日ごろの生活の中で、印象が上書きされた例を紹介しましょう。

（優しそうな人だと思った）→（会って話したら、がっかりした）とか、反対に、（気難しそうな人と思っていた）→（話してみたらイメージが変わった）など。だれにでも思い当たる経験ではないでしょうか？

そうなのです。人の印象は意外なほど変わります。事実、私が経験した訪問販売でもそうでした。玄関先にいる私を見た瞬間、お客様の表情がサッと変わるのです。それは訪問販売そのものが、お客様の印象を悪くしていたのでしょう。私の第一印象は、常にマイナスからのスタートでした。そのため、玄関の中まで入れていただくのは並大抵のことではありませんでした。会話らしい会話ができたお客様は、10件に1件あればよいほうです。ところが、そうしたマイナスの印象からのスタートだったとしても、30分後にはご契約に至るケースも少なくなかったのです。それはなぜでしょうか？

営業の場面では、仕事の話の合間にふと感じさせる人間味、仕事に向けた情熱などをお客様が感じられたときに、「好感のもてる人だな」という印象に変わるのです。そうした方法でお客様との距離を近づけることは、訪問販売に限らず接客業など、お客様と直接触れる機会のある方はみな、少なからず実践しています。実践されているという事実が、第一印象がすべてではないということを物語っています。第一印象は大切です。ただし、その印象は途中で変化します。「ボロが出た」「メッキが剝げた」という言葉がありますが、「ベールを脱ぐ」のように、意図的に変化を作ることもできるのです。途中で印象が変わるというと、悪くなることをイメージする人も多いと思います。しかし、変化するということは、よくも悪くもなるということ。大切なのは、よい変化を意図的に起こすことなのです。

## ★変化を起こす方法を知れば、〝第一印象の神話〟を捨てることができる。

# 目は耳ほどにモノを聴く（みんな本当は名探偵）

目は、口ほどにモノを〝言う〟だけではなく、モノを〝聴く〟こともできるのです。裏返せば、あなたの姿は口ほどにモノを言っているのです。

「なんだか近寄りがたい雰囲気がする……」「あれ、なんかいい事あったのかな？」などの場面は、職場でも多く見かけます。中にはわざと人を近づけないオーラを発して、仕事に集中しようという人もいるくらいです。これらは、**人は視覚（つまりは目）から入った情報をもとにして仮説を作る**ことを利用したものになります。

外回り営業をしていたころ、私たちは住宅地を一軒一軒訪問し、1時間に1回ほど結果報告のために拠点に戻っていました。さて、この拠点にいる人物が問題の人、営業所長です。私たちの仕事では、いつも契約が取れるわけではありません。どちらかというと、何の結果もなく戻るときのほうが圧倒的に多かったのです。すると、拠点に近づくにつれて足取りも重くなり、逆に私の嗅覚は鋭くなっていくのでした。嗅覚といっても匂いではなく、雰囲気を嗅ぐといった感じです。拠点にいる営業所長を見て、私が立てた仮説はというと、

- 携帯でだれかと話している → 大体機嫌が悪い。イライラして落ち着いていない。

- 住宅地図とにらめっこしている → 戦略を考え中。意外とどんな報告も聞いてくれるタイミング。
- ほかの所員と話している → もう少し近づいてからでないと。会話によって判断しよう。

こんな具合に、拠点に近づくにつれて、私はまるで名探偵のごとく、相手の考えを理解するための感覚を研ぎ澄ましていくのでした。

機嫌が悪いのかどうかは会話をすればすぐにわかります。しかし会話をする前にもわかる場合がありました。それは、耳で聞くより先に目で所長の声を聴いていたからなのです。目で聴く印象というものも、視覚情報による判断の一つなのです。

ここで感じられる印象は、第一印象ではなく**都度の印象**になります。都度の印象は、簡単に脚色できる（演出できる）分だけ、すぐに変化してしまいます。私が営業所長を見ているように、あなたの印象も、会話をする前から見られているのです。相手の視界に入ったときから印象づけは始まります。会話が始まったとき、実はそれが第二印象の始まりでもあるのです。

**★変化する印象、それが都度の印象であり、第二印象である。**

## 畳に座ったシャーロック・ホームズ

人の印象を決める要素は、視覚情報以外の要素に影響されるケースも少なくありません。ここではもう一つの判断材料、周辺情報について紹介します。

営業マン時代、私の先輩はシャーロック・ホームズでした（さしずめ私はワトスン氏）。ただし現場は、玄関先であったり、6帖畳の上だったりしましたけれど。

当時の私は訪問販売の営業マンで、毎日、戸建て住宅へと足を運んでいました。ある日、先輩に同行してお客様宅をあとにしたときのことです。お客様の家を出ると先輩は、「さっきの奥さん、若くして結婚したんだね」とか「旦那さんは海釣りが好きなんだぞ」と、お客様との会話からは聞いていないことを言い出したのです。なぜ、そうしたことがわかったのでしょう?

それは玄関脇の自転車に貼られた○○小学6年生のステッカーや、居間の壁に飾られた鯛の魚拓を見て、先輩が立てた仮説でした。訪問販売の場合、そうした周辺情報をもとに、目の前のお客様の性格や趣味など、さまざまな仮説を立てて商談に臨みます。営業の仕事を始めたばかりのころ、シャーロック・ホームズのそばにいた私は、こうして周辺情報から印象を判断する方法を学んだのでした。

周辺情報の大切さを、〝身だしなみ〟という言葉で私たちは教わります。第一印象の講義に必ずといっていいほど登場する〝身だしなみ〟。一般的には服装・髪型がイメージされます。しかしそれだけでは、周辺情報を意識した印象には足りていません。前述の戸建て営業の場合、奥様の印象を判断する際の周辺情報は、玄関・自転車・ステッカーなどということが言えます。では自分を主体として周辺情報を意識するとしたらどうでしょう。重要なのは服装・髪型といった、身に着けているものだけではないのです。**あなたを取り巻く環境もすべて周辺情報として加味されていきます。髪型や服装といったことにだけとらわれていてはいけません。**

ビジネスシーンの中での代表的な周辺情報としては、次のようなものが挙げられます。

- あなたの所属部署（20ページの「ステレオタイプ」参照）
- あなたの持ち物（ステーショナリー・小物など）
- あなたの姿勢（手の位置、足の位置など）
- 通された（または招いた）会議室（空気・備品・清潔さなど）
- 時間・約束（5分前、ピッタリ、少し遅れて）etc.……。

第一印象を形成する要素は、自分の見た目だけではないことを覚えておきましょう。

**★印象は、周囲のあらゆる情報から仮説を立てて成り立っている。**

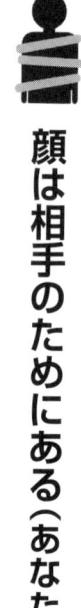

# 顔は相手のためにある（あなたも私も手配中？）

あなたの顔はだれのためにあるのでしょうか？　もちろん自分の顔である以上、自分の持ち物であることに変わりありません。けれども、背中と同様に自分で見ることができない部分が顔なのです。背中と比べて顔は常に露出している場所であり、男性であれば髭を剃ったり、女性であればお化粧したりします。それは、自分ではなく相手のためにしているのです。「顔は相手のためにある」ともいえます。

あなたの顔は、あなたの印象を形作る最も大切な部分です。洗面所の四角い鏡に映り込む自分の顔を見ている場面を想像してください。寝起き・風呂上り・外出帰りなど、場面によっても表情は違います。それから、眉を動かしたり、口を開けたりといったわずかな表情の変化で、気持ちを映し出せるでしょう。見慣れた鏡に映る顔は、朝起きたばかりであれば、ときには指名手配中の写真のように見えるかもしれません。せっかくなら、いつ見ても素敵な表情でスクリーンに映るスターに見立てたいものです。ところが、こうして鏡の前では自由に変えられる表情は、一歩外へ出ると途端に変えられなくなります。というよりも、変えられたかどうかがわからなくなるのです。相手の印象はすぐにわかるけれど、自分の印象はなかなか自分ではわかりません。

自分の顔は鏡を使うことで見ることができます。それでは、自分の印象はどのようにすればわかるのでしょうか？　ここでは自分の印象を、鏡を使って見る方法について紹介します。鏡といっても、手鏡などではありません。**あなたの目の前にいる人こそが、あなたの印象を映す鏡**なのです。

飛び込み営業をしていたころの話です。まったく話を聞いてくれないお客様のことを先輩に報告すると決まってこう言われます。

「それはさ、二瓶さんに問題があるんだぞ。お客様はさ、営業マンの鏡なんだから」。

つまり、お客様の顔が怖く見えたということは、営業マンである自分の顔が怖くなっていたということなのです。反対に、お客様の顔が柔らかい表情であったときは、自分の表情に柔らかさがあります。お客様は鏡のようなものだと教わりました。

特に初対面では、顔・表情から受ける印象は大きいものです。目の前の相手も、あなたの表情からいろいろな情報を読み取ろうとします。そこで受ける印象がお客様の表情に表れてきます。すると今度は、鏡に映したようにお客様の表情をとおして、あなた自身の印象があなたに返ってくるのです。

**★目の前のひとは印象を映し出す鏡。あなたの印象が目の前の相手に映り込む。**

## 玄関先の怪盗ルパン！

目の前の相手が自分の印象を映し出す鏡なら、それを自分のために利用することはできないでしょうか。鏡であれば、自分の表情を変えれば鏡の中の表情も変わります。同様に、目の前の相手の表情を変えられれば、自分の表情も変えられるはずです。

営業マンとして住宅地を歩き、玄関先に立つ私は怪盗ルパンでした（泥棒だったわけではないですよ）。ピンポーンとチャイムを押して待つ間、「どのタイプの顔になろうか？」と考えたものです。もちろん変装道具を持って営業するわけではないので、工夫が必要です。**相手の笑顔を引き出すために、ときには笑顔だって封印しました。**

お客様は、営業マンの鏡であるといわれます。お客様が笑顔であれば、あなたにも笑顔があり、お客様が不安な顔であれば、あなたの表情にもそれが表れているという意味です。あなたに笑顔があれば、お客様もまた笑顔になるというもの。ただし、ここには少し誤解があります。

「初回訪問時のお客様と営業マンの関係」「仕事上のプレゼンテーションでの話し手と聞き手の関係」など、背景やケースによって異なりますが、利益・決断が想定される初対面、またはその情報を得る説明の機会などでは、聞き手**（つまりお客様）**は常に慎重になっています。

そこでは、「相手にごまかされないぞ」といった感情をもっている場合が少なくないのです。

緊張や警戒心などで感情が満たされている場合、〝鏡〟は正しく作用しません。表情の裏を読もうとしていたり、斜に構えてしまっていたりすると、お互いの印象をまっすぐ映し返すことができなくなるのです。そうした不安定な気持ちの状態である場合、営業マンの笑顔は逆に不安や警戒心を増大させる要素にもなり得るのです。ではどうすればよいのでしょうか？

相手が自分の鏡ならば、次の考え方が有効です。

- 〝大好きな人だ〟と120パーセント思って、目の前の人を見る
- 〝真剣に伝えたい〟という気持ちを120パーセントにして、目の前の人を見る
- 〝仕事に燃える〟使命感に満ちた自分を120パーセントにして、目の前の人を見る

どうですか？　この気持ち、相手と共有できたら随分と違うと思いませんか？

大丈夫、目の前の相手は、お客様であっても、上司であっても、あなたの鏡。きっと、あなたの表情から感情を読み取り、自然に同じ感情・表情に近づいてくる（つまりは鏡に映し出される）はずです。そして、そうした相手の表情を見たあなたも、今度は相手の鏡として、もっとよい表情になるでしょう。まるで合わせ鏡のように相乗効果が生まれてきます。

**★印象は合わせ鏡である。相手が変わると、あなたはもっと変わる。**

## 「うっ……」となって心が折れて

自分の印象が相手に影響を与えるように、相手の印象もまた自分に影響を与えます。相手の第一印象によって自分もまた大きな影響を受けているものです。ここでは、第一印象について逆の視点から紹介します。相手の第一印象を知ることで、通常では気づきにくい〝印象の落とし穴〟を発見できます。

合わせ鏡による印象のミスマッチの例として、営業マン当時、こんなことがありました。「玄関が開いたら、まず笑顔で行こう」そう決めて、玄関チャイムを鳴らしたときのこと。笑顔で行こうと決めていたのに、玄関が開いた瞬間、私は〝凍り付いてしまった〟のです。理由は単純。開いた玄関扉からのぞいたご主人の顔が怖かったのです。実は現在でもそうなのですが、私はどうも強面の人を見ると畏縮してしまうのです。

「うわぁダメだ。断られる。いや、怒られる?」などと勝手に相手の印象を作り上げてしまった結果、お互いに一言も発しないうちから結果が決まってしまっていました。私はモゴモゴと話しながら、お客様の顔を見ることもなく、チラシを渡して……終了です。

お客様の側から見たらどうだったでしょう。玄関が開くや否や下を向いた営業マンから渡された1枚のチラシ。これでは営業以前の問題でした。なんと愛想のない営業マンに見えたことでしょう。

私はお客様の顔が怖く見えたことで、「怒っているのかもしれない。きっと断られるだろう」と捉え、お客様も私の下向き加減の表情を見て、「なんだ、自信なさそうだな。何かあるのか？」と、さらにいぶかしく感じてしまったのです。

目で入る情報を補う役目を担うのは、耳からの情報です。この場合、お客様も営業マン（私）も、言葉をもう少し使っていたら、違った印象を与えていくこともできたでしょう。

実はこうした印象のキャッチボールは、営業場面以外でも日常行われているのです。職場での人間関係などでは「今日はちょっと機嫌悪そうだなぁ」と、意識せずに相手によくない印象を与えてしまっているかもしれません。

印象は一方的に与えるものでも、また受け取るものでもありません。**短時間でよい印象と関係を築くためには、目だけでなく耳など五感を使ったコミュニケーションも必要**です。

それが、合わせ鏡を利用した印象のキャッチボールです。

**★印象の鏡は見るだけでなく、声も映し返す。**

# 気軽にできない？〝報・連・相〟

社会人になりたてのころ、私は、報告・連絡・相談の大切さを教わりました。いわゆる報・連・相（ホウレンソウ）です。あれから20年、私はいまでも一番大切な仕事の基本であると考えています。しかしいま、この**ホウレンソウが不作続きの職場が増えている**のです。

さて、この報・連・相で最もスピードが要求されるのが〝報告〟です。私は現在コンサルタントとして企業へ訪問し、職場改善のためのヒアリングをさせていただく機会が多くあります。業種・業態が違っていても、共通する改善課題があります。それは、職場のコミュニケーションです。私が感じるコミュニケーションへの最も顕著な影響は、前述の報・連・相の**不足感**です。上司と部下の視点で見てみると、こうした意見が聞こえてきそうです。

上司：「報告する気があるのかないのか、やっと報告に来たと思ったら、ドサーッと一気にしてくる。あれじゃ、こっちだって……」

部下：「そもそも席にいないし、いても報告しづらいオーラが出ているんだよなぁ。あと、途中でいつも怒り出すし……」

つまり上司の側からすると、

（タイミングが遅い。）（一方的に話して終わり。それでは、まったく意味がない。）

そして部下の側からすると、

（報告したくても席にいない。いても報告できそうな雰囲気がしない。）（報告の途中でいつも説教モードに変わるから面倒だ。）

一見すると、双方ともバラバラの意見です。ところがそれぞれを並べ替えてみると、深い関係性が見えてきます。

《上司の場合》
・なかなか報告に来ない！
・内容が多すぎてわからない！

↕

《部下の場合》
・あれじゃ、報告に行けないよー
・一気に報告しちゃおう

報告そのものの回数が少なければ、1回の報告の分量が大きくなるのは当然。また、即時性が十分でないと、なぜいまごろ……とイライラしてしまうことで、報告の内容も頭に入ってきません。したがってつい、説教のひとつもしたくなるのです。ヒアリングを進めると、「報告の必要性がわかっていない部下が多い」と、上司が嘆いている職場があります。ところが部下の側では「必要性はわかっているが、報告できる状況にない」という反対側の意見も出てきます。こうした矛盾した問題が出てくる原因には、〝印象の見え方〟が重要な鍵になっています。

報告は、〝できる できない〟ではなく、〝したい したくない〟の問題とも言い換えられます。

**★報・連・相は、意識の問題ではなく、印象の見え方に課題が隠れている。**

# 部下は課長のスキをつく

「そうだ、報告へ行こう！」と思い立って、すぐに上司のもとへ行ける人はなかなかいませんよね。上司へ〝報告・相談へ行こう〟と考えたとき、あなたは、まずどのような行動を取りますか？

私がコンサルティングをしている会社で社員へインタビューしてみると、上司に報告しようと思うタイミングは、平均すると15分に1回。しかし実際に報告するのは、6回に1回ほどだそうです。つまり15分に1回は、部下の視線が上司あてに向けられています。そして、そのうち5回は、何らかの理由で取りやめになっているのです。その理由とは、それこそ下図のBのリアクションにほかなりません。

さてこの15分に1回。〝職場で最も多い水面下の光景〟といえます。つまり、15分×6回＝90分。この場合では、90分に1回

の報告となっているのです。右下の図A、Bの2つのリアクションを分けたもの、それは上司の印象でした。

同じ人であっても、話しかけやすいときとそうでないときがあります。それは、**印象はその都度変わる**ことを示しています。本来、報告・連絡・相談を「いつなら大丈夫そうか？」と上司の顔色を見ながらするなんてもってのほかです。しかし実際には、そうした考えのもと（部下はそこまで意識していないかもしれませんが）報告のタイミングを計ってしまっていることも多いのです。まさに、〝スキをうかがう〟がごとし。

あなたが職場で報告を受ける立場にあるのであれば、15分に1回、〝わざとスキを見せる〟ことに挑戦してみてはいかがでしょう。当時私は、15分に1回、わざと自席で〝伸び〟をしてみたり、〝一段落ついてるんだぞ〟という様子を見せたりすることで、スキを作ったことがあります。すると不思議なもので、「すみません課長、ちょっとよろしいですか？」と報告されることもあったのです。

私たちが日常のコミュニケーションで気にすべき部分は、第一印象ではなくその都度の印象です。そこに改善の余地があると同時に、それは最も重要な部分でもあります。

**★私たちが日常で一番大きく影響を受けているのは、〝都度の印象〟である。**

# 行列ができる課長の話

部下が次から次へと報告にやってくる、行列ができる課長。果たして理想といえるでしょうか？　ランチの風景を例にとって説明しましょう。

ランチの時間になると、行列ができる人気店。お客様の列が途絶えることはありません。お店に行列ができる理由には、次の３つが考えられます。

①営業時間が短く、お客様が集中してしまうお店　②お客様の滞在時間が長く、入れ替わりが遅いので満席状態のお店　③本当に人気（入りやすく、料理も早いしおいしい）があるお店

あなたの職場では、行列ができる課長はいませんか？　先ほどのお店の例に置き換えてみましょう。

①会議ばかり、離席が多くてつかまらない課長　②話が長く、ほかの人との打ち合わせがずっと続いていて報告が順番待ちになる課長　③報告しやすく話も早いし、また報告に行きたくなる課長

業績が上がるお店＝課長は、間違いなくリピーターが多い③になるでしょう。①②の場合は、

行列ができるというよりも〝できてしまう〟状況になります。私がコンサルティングしていた会社でも、こうした声が挙がっていました。「報告をしようと思っても、いつもいない」「やっと席に戻ってきたと思ったら、次から次へと順番待ち」。これでは、人気店の行列とは程遠いと言わざるを得ません。しかしながら当の課長に聞いてみると、次から次に報告の列ができていることに、〝人気？〟という勘違いをしてしまっているケースも少なくありませんでした。

**入りやすいお店と報告に行きやすい課長との間には、共通点があります。雰囲気・印象をベースに考えてみると、お店では〝入りやすさ〟、課長では〝話し掛けやすさ〟が共通する要素です。**

お店の〝入りやすさ〟を表すと「クローズドよりオープン」という言葉に代表されます。では課長に対しての話し掛けやすさを言葉で表すと「スキ」になるのではないでしょうか。「スキを作る」ためには、〝報告を待っているよ。受けようとしているよ〟という気持ちを、いかに行動で表すかということが重要なのです。たとえば、目を合わせてくれない。忙しそうなオーラがいっぱい。これでは自分で自分ののれんを下ろしているようなものです。逆に言えば、「目を合わせる」「背中を向けたままにしない」という部分を意識するだけでも違ってきます。

**★行列ができるにはワケがある。ワケあり課長には、「スキ」がある。**

# 課長は部下のスキがわからない

職場のコミュニケーションは、一方向ではありません。ここでは、課長の視点から部下の印象を見てみたいと思います。課長は部下のどこにスキを見つけるのでしょうか？　ショッピングを例に説明しましょう。たとえば、デパートに入って洋服でも買おうかなと思っても、「やっぱり今日はやめておこう」という気持ちになることもありますよね。それは、どのような理由からだったのでしょうか？　大きく2つに分けてみます。

A　買いたい服がなかった

B　買いたい気持ちが薄らいだ

それでは次に、部下に仕事を頼もうとした課長がいるとします。

「やっぱりやめておこう」。こうしたセリフが浮かんでくる場面もまた、デパートの例と似ているのです。

A　買いたい服がなかった → 頼もうとしたが、だれもいなかった。

B　買いたい気持ちが薄らいだ → 頼もうと思ったが、やめにした（気持ちが薄らいだ）。

と言い換えられます。つまり、この〝薄らいだ〟という感覚が問題なのです。Bの場合は次のようなセリフが続くでしょう。「いっそ自分でやってしまおうか？」と。

なぜ課長は、部下に頼もうとしたものの、気持ちが薄らいでしまったのでしょう。ここにも印象の勘違い（ミスマッチ）が存在するのです。お店の場合、お客様と接しているとニーズがわかってきます。人気店ほどお客様のニーズ（買う気のサイン）をつかんでいます。職場ではどうでしょうか。**近寄りがたい雰囲気を出している課長は、必然的に部下と接する割合が減ってきます。すると、部下のニーズ（やる気のサイン）がわからなくなってきます。**そうして、「あいつは忙しそうだな」と気を使ったつもりが、「自分には仕事を任せてもらえない」といったミスマッチにつながります。

こうしたミスマッチを起こさないためにも、日常でどれだけの接点をもてるかが大切になります。人は初めてのもの、知らないものほど、見た目を重視する傾向にあります。初めて見る料理などは、見た目がおいしそうかどうかが重要です。職場では、初対面・新人でもない限り、接点が少なくなればなるほど、見た目や雰囲気に左右される傾向は大きくなります。

つまり、職場内においても日常の接点が少なくなればなるほど、印象は〝見た目や雰囲気〟に左右されてしまいます。ということは、次のように逆のこともまた言えることになります。

**★日常の接点があればあるほど、〝見た目〟の印象に左右されてしまうことはない。**

## 飛び込み営業。玄関先のドラマ

飛び込み営業は第一印象なくしては語れません。私が社会人になって一番初めに経験した仕事、それは訪問販売でした。玄関先で繰り広げられるドラマは、まるで西部劇の決闘シーンのようでした。玄関が開いたまさにそのとき、営業マンは西部劇のガンマンのように自分の印象をお客様に向かって撃ち出します。お客様の印象もまた、自分に向かって撃ち出されます。一瞬で互いの印象が撃ち交わされるのです。

営業マンとお客様との違いはどこにあるのでしょう。目の前の相手に対する姿勢として、心理的に大きく異なる部分があると私は考えます。それは、営業マンは「よい印象を表に出そう」とその一瞬に賭けているのに対し、お客様はその一瞬の中で「よい印象を与えないようにしよう」とします。訪問販売をしていた当時、私を一番悩ませたものは〝お客様の顔〟でした。私は笑顔を出そうと必死なのにもかかわらず、お客様はというと……。どうして、ああも怖い顔ができるのかと思えます。玄関が開いた瞬間、ともすれば開く前から表情が、目が怖くなっている人が多かったのです。いま思えば、お客様は営業マンに対して、当然〝あるべき心理的反応〟をしていたことがわかるのですが、当時は「玄関が開いた瞬間に心が折れた」という経験も少なくありませんでした。〝あるべき心理的反応〟とはどういうものでしょう。それは、「相手より上位に立ちたい」「会話の流れを自分主導で進めたい」という反応です。これが働いた結果、まるで犬の散歩でほかの犬と接近遭遇したような状況が起こり得るのです。

こうした光景は玄関先だけでなく、職場での身近な場面でも見られます。前述の報告・連絡・相談の場面でも、報告をする部下と受け手の上司が、まるで営業マンと玄関先のお客様のようになることがあります。「きちんと報告しよう！」と上司のところへ向かい、「報告があるのですが、ちょっとよろしいですか？」と、その一瞬に部下は〝よい印象を賭けて〟臨みます。一方、相手より上位に立ちたいという心理を強くもっている上司の場合は、「あ？　なんだ」と声も低く、ともすれば威圧的な雰囲気を漂わせてしまうこともあるのです。そこには、〝よい印象をあえて欠けてみせる〟上司の心理状態が見えます。**玄関先でも職場でも、実はまったく同じことが起きています。互いの心理状態により、見た目の印象が作り出されていくのです。**ただし前述したように、印象は合わせ鏡なのでこちらの印象を相手に映し返すこともできます。両者の印象のギャップを埋めていければ、訪問販売であればトップアポインターにもなれますし、部下であれば活き活きと仕事ができるでしょう。

**★欠けて見せているのだから、その印象がその人のすべてではないということを意識しよう。**

## 相手の第一印象に負けてしまった営業マン

営業マンは自分の第一印象に気を配りますが、お客様もまた、自分の第一印象に気を配っています。第一印象を考えるとき、自然と自分目線になってしまっていませんか？

あなたは、自分の第一印象を見せると同時に、**実は相手の第一印象を見せられているのです。**

しかし、ここでの注意点は、営業マンはよい印象を心掛けるのに対し、お客様の場合は必ずしもそうではないということです。それが前述の〝欠けている印象〟です。ここでは、欠けている印象を見せられることで陥ってしまいがちな、第一印象の落とし穴について紹介します。

「売り込みなら帰ってほしい」。そうした感情のもとでは、お客様の表情に、よい第一印象が表れるはずはありません。第一印象に左右されるのは、お客様だけではなく、お客様を目の前にする営業マンも同じです。たとえば、お客様を見てすぐに、

「あっ、ちょっと難しいかも……」「おっ、話聞いてくれそうかも！」などの印象をもちます。

私はよく、そんなふうにお客様を見ていました。つまりその時点で私は、お客様の第一印象に影響を受けていたのです。営業マンであればだれしも経験する〝お客様の第一印象〟との戦いです。私は「苦手だなぁ」と感じたお客様には、営業トークも引き気味になってしまいました。

そんなときは、ご案内用のチラシをお渡ししただけで帰ってしまったこともよくありました。ところが、そうしたお客様に限って思いきってアプローチすると、受注に結びつくことが多かったのです。なぜでしょうか？　この理由こそが、〝印象の落とし穴〟ともいうべきものです。

印象の落とし穴とは、すなわち〝印象から判断した思い込み〟のこと。「買う、買わないということを、見た目の印象から勝手に判断してしまった」などの思い込みのことです。

印象から判断した思い込みは、新人営業マンにとっては大きな壁になります。人は見た目じゃないということは、経験から学ぶものだからです。相手の第一印象に負けないということは、印象の落とし穴に落ちない術を知るということです。したがって、一見すると厳しそうに見えるお客様ほど、営業マンからの提案を受けたことが少なく、実は契約を結びやすかったということもあったのです。

さて、こうした印象の落とし穴に落ちないためにはどうすればよいでしょう。その方法は、実際の落とし穴と同じ方法で回避できます。つまり、回り込むこと、そして飛び越えることなのです。印象に縛られない行動とは、こうした落とし穴でさえ、逆に利用してしまおうという考え方になります。

**★売れる営業マンは、自身の印象ではなく、お客様の印象に負けない術を知っている。**

# 与える印象VS受け取る印象

それでは、第一印象に縛られない方法とは、どのようなものでしょう。それは印象の特徴・性質を知り、逆に活かしていこうという考え方になります。その考え方を説明するものとして、「与える印象VS受け取る印象」という言葉を使っていきましょう。まず、印象には2つの方向があります。営業の場面でたとえると、与える印象は〝私の〟印象であり、受け取る印象は〝お客様の〟印象です。与える印象を工夫すると、相手の感じ方が変わります。受け取る印象を工夫すると、自分の心に余裕が生まれます。互いに工夫をすれば、印象が変化したように見せること、また感じることができるのです。

私が営業マン時代に行っていた工夫を紹介しましょう。与える印象と受け取る印象を同時に改善する方法です。その方法は簡単。「汗を拭く。そのタイミングを工夫する」というものです。

さて、ここで質問です。

Q　玄関先でチャイムを押して、お客様とお話しする場面をイメージしてください。

あなたはハンカチで汗を拭こうと考えました。さて、どのタイミングで拭くことがお客様に与える印象として、最も好印象と受け取ってもらえるでしょうか？

①　チャイムを押す前に拭く。それからお客様と話す。
②　押したあと、玄関が開く瞬間に汗を拭く。それからお客様と話す。
③　お客様と話し始めてから、汗を拭く。

汗を拭くと表情もさっぱりします。爽やかな印象がアップします。ただし、それはどのタイミングで拭くかで大きく変化します。答えは、②です。汗は拭き終わった瞬間が一番爽やかに見えるからです。③はいけません。逆効果になってしまいます。話している最中に汗を拭くと、「大変そうね」という気持ちをもっていただけそうですが、実際には、「売れない営業マンかな？」「暑苦しいな、早く帰ってほしい」と感じてしまうものなのです。

玄関が開いた瞬間は、お客様にとっても緊張の瞬間。緊張すると表情は硬くなるもの。**硬い表情は目の前の人も硬くしてしまいます。**玄関が開いた瞬間に汗を拭くことで、お客様の一番硬い第一印象を見ずにやり過ごすことができるのです。ほんの数秒タイミングを外すだけで、自分がお客様の第一印象に負けてしまうことを防ぐ効果が生まれます。

印象の仕組みがわかれば、相手に与える印象を改善できるのです。

**★売れる営業マンは、汗の拭き方ひとつで印象を作ることができる。**

ココロの
準備体操
①

# 「なぜ」禁止令!?

「なぜを繰り返すと、物事の本質が見えてくる」と言われますが、この言葉の内容を正しく使うことはとても難しいのでお勧めしません。相手に対して「なぜ」を繰り返しても、お互いに人間ができていないと雰囲気が悪くなってきます。全部、言い訳に聞こえてきますよね。そんな気持ちからでは、本質にたどり着くまでに疲れてしまいます。

自分に対して「なぜ」を使いたくなるときは、どんなときでしょうか？

調子がよいときには、あまり使わないですよね。うまくいかないとき、思うような評価が感じられないときに「なぜ？」「どうして？」という言葉が浮かんできます。過去にさかのぼってもよい答えは出ません。だれかを責めたくなったり、自分を責めたり……。そんなことでは、前を向く気持ちは出てきません。

「なぜ」というセリフは、意識してみると結構自分に対して使っていることがわかるはず。無意識のうちに自分のやる気にブレーキをかけてしまうこの言葉、いっそ禁止にしてしまいましょう。そこで、「なぜ」禁止令です。どうです、マイルールとして始めてみませんか？

Do not depend on the first impression!

第２章

# 第一印象ですべてが決まるわけじゃない！

ここまでは、第一印象の誤解を受けやすい解釈について触れてきました。

人の印象は第一印象からスタートます。しかし、「信頼を寄せる」ために必要なのは、第一印象ではありません。

ひとめぼれでは、信頼は決して生まれません。

信頼できる人の印象とは、どのようなものでしょうか？

「この人は信頼できる」「魅力あふれる好青年だ」という印象は、いつどのように感じられ、生まれてくるものなのでしょうか？

そのキーワードこそ、本章で触れる「ゲインロス効果」なのです。

## 7秒目からの世界　〜ゲインロス効果〜

第一印象の重要性を説く言葉として、よく使われるキーワードに、「第一印象は初めの6秒で決まり、その印象は一生をとおしてあまり変わることがない」というものがあります。第一印象は、文字どおり一番初めに感じられた印象のこと。時間にして6秒もあれば……。たしかに十分かもしれません。しかし、そのあとに続く言葉が問題なのです。

「一生をとおしてあまり変わることがない」本当にそのとおりでしょうか？　いままでに出会った人の中で、「第一印象と違ったなー」「思ったより感じのよい人だった」といったように、途中から印象が変わったという経験はありませんでしたか？　私はお客様に対して感じることがありました。それは、ご契約後にごあいさつにおうかがいしたときのこと。玄関先で出迎えてくれたお客様の印象が、初めてドアを叩いたあの日の印象とまるで違って感じられた場面が多く、それはうれしい驚きでした。もしあの日、玄関先で帰ってしまっていたら……。お客様の優しい一面には気づくこともなかったでしょう。

人の印象は変わるものなのです。**第一印象が出会って6秒ならば、7秒目からの世界もあるのです。**私は以前、訪問販売の仕事をしていました。訪問販売と聞いて、あなたはどのような印象をもたれますか？　おそらく、あまりよい印象をもたないのではないでしょうか？　それは玄関先のお客様の表情を見てもわかります。私の印象はおそらく最悪といってもよかったでしょう。しかし、そうした中でも、ご契約をいただいたケースも少なくなかったのです。私がご契約に至るまでに要した時間こそ、7秒目からの世界だったのです。

第一印象は変わることはありません。なぜなら、初めの印象を過去にさかのぼって取り消すことはできないからです。しかし、上書きすることはできるのです。上書きされた印象、それが第二印象とも呼ばれるものであり、あなたの魅力を決定づけます。

第一印象が悪いから……。第一印象で失敗してしまった……。などなど。

そうしたことは問題ではありません。印象は取り返すことができます。7秒目からの世界、そのキーワードが**「ゲインロス（GAIN／LOSS）効果」**なのです。

**★第一印象で悔やまなくても大丈夫。なぜなら、印象は上書きできるものだからだ！**

# メラビアンの法則に惑わされてはいけない

メラビアンの法則は、第一印象や一瞬の見た目を検証したものではありません。
前章で紹介したように、この法則は「人が第三者からの情報を得る場合、その信頼性は視覚・聴覚・言語のうち、どれにどのくらいの比重が置かれているものなのか」を検証したものだったのです。したがって、第一印象を決定づける要素が明らかにされるものではありませんでした。
しかしながら、メラビアンという記憶に残りやすい名前とテキストに応用しやすいテーマであったため、さまざまに解釈され応用され続けていきました。その結果、メラビアンの法則↓見た目が重要↓「第一印象は見た目」という、私たちの認識になってしまったのです。

あなたがもし、「自分の見た目」に一喜一憂してしまうとしたら……。それは、メラビアンの法則に惑わされているのかもしれません。

見た目は大切ですが、それだけではありません。

もしあなたが営業マンだとしたら、見た目だけで契約がいただけるでしょうか？　見せかけだけのよさをアピールして契約になったとしても、おそらくリピート（再受注）は得られないでしょう。つまり、そこには魅力や信頼といった大切な要素が抜けてしまっているからです。就活・婚活に当てはめても、同じことがいえます。お互いに、見た目や見せ方にだけこだわってしまっていると、本質的な魅力がわからないままになってしまいます。表面的なイメージに引かれたままで、大事な選択が果たして成し得るでしょうか？

**表面的な動機づけは、決定・行動も早い分、壊れることもまた簡単なのです。**

**大切なのは、見た目に惑わされないことです。**あなた自身がメラビアンの法則に惑わされるばかりに、見た目至上主義になってしまってはいけません。

相手の見た目を気にするだけでなく、自分の見た目にこだわりすぎてしまうことも、実はあなたの魅力を下げる結果につながってしまうからなのです。

**★見た目は大事。ただし、それだけではあなたの魅力は伝わらない。**

## ゲシュタルトの視野を得る

ゲシュタルトとは、パーツ一つひとつを意味ある形にまとめあげたもののことをいいます。精神分析療法とゲシュタルト心理学を合わせて、F・パールズが提唱したゲシュタルト療法のもととなった考え方です。

ゲシュタルトの視野とは、個々のパーツを意味あるものとして構成し直す力であり、左図のルビンの盃が有名な例えとして使われています。

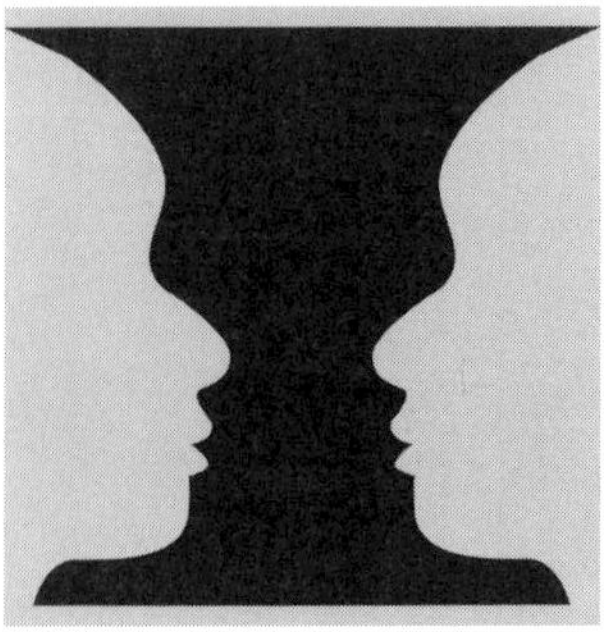

グレーの部分に着目すると、向かい合わせの横顔になります。しかし全体で捉えると、黒い盃に見えてきます。このように、一つひとつのパーツを組み合わせて、それ以上のものができあがります。

つまり「右向きの顔＋左向きの顔」＝「黒い盃」または「右向きの顔＋左向きの顔」＋「黒い盃」という考え方です。

ゲシュタルトの視野をあなたの印象に当てはめてみましょう。一つひとつのパーツは、あなたの表情や服装、話し方、お仕事などの周辺情報にあたります。相手はこうした周辺情報を組み立てて、あなたの印象を作り上げていきます。

相手が感じるあなたの印象は、単純に足し算した合計ではありません。周辺情報を足し合わせたあとで想像されるイメージが、プラスされてでき上がっていくのがあなたの印象です。

ゲシュタルトの視野を得るということは、周辺情報が組み合わされて印象ができ上がる仕組みを理解することです。そのうえで、自分の周辺情報を客観的に見直すことができるようになることが大切です。つまり、自分の別の側面を見せていく考え方が重要なのです。それはたとえば、「見た目の若さ＋話し方」＝「新人」という連想を、いかによい連想として相手にもたせていくことができるかということになります。

**★印象の見せ方とは、個々の周辺情報を足し合わせて、それ以上に見せること。**

## ラーの鏡を手にしたら……。別の姿が見えてくる

「ラーの鏡」というと、ドラゴンクエストシリーズでおなじみのアイテム。隠された真実を映す伝説の鏡のことです。実は現実社会にも、ラーの鏡と同じように、隠された真実の自分を映す鏡があるのです。

とある人と初めて知り合ってしばらくしたある日のこと、

「初めて会ったころさぁ、正直言ってすごく怖そうな人だなぁって思ってたんだよ」と、言われたとします。このとき、あなたならどう思いますか？

〝まさか、そんなふうに思われていたなんて〟と思うのではないでしょうか。

この瞬間が、あなたが鏡を手にしたときなのです。

人の印象は、通常の鏡に映し出される表面的な〝見た目の印象〟ばかりではありません。印象は人の心を介して判断されます。人の心は、感情に左右されます。人の感情は、一人ひとり違っています。したがって、**あなたが自分で判断している自分の印象は、ほかの人も同じように判断しているとは限らない**のです。

もしも、自分が自覚していないような印象を打ち明けられたら、その瞬間が〝ラーの鏡を渡されたとき〟なのです。

自分の印象には、自分では気づけない部分があります。自分目線ではなく、相手目線で印象を振り返ることができるようになることが大切です。

他人という鏡に映るあなたの姿は、
１つとは限らない

**★思ってもいなかった自分に気がついたときがチャンスである。**

# 印象のW字回復を促すゲインロスの効果

人の印象は変わりやすいもの。初対面での印象に始まり、その都度（機嫌・健康状態など）のタイミングによって、移り変わっていきます。まさに印象のバイオリズムといった具合に波状に変化していくものなのです。

あなたの印象も一日をとおして、さまざまな場面で変化をしているはずです。

たとえば、

- 「朝起きたとき」と「商談中」の印象の違い
- 「会議中」と「デート中」の印象の違い

つまり、「だれのため」の自分なのか？　ということが、印象の変化のきっかけになるのです。

アルファベットのW字のように変化するあなたの印象を、
〝変化するままに任せるか〟
それとも、
〝意図的に変化をさせていくか〟の違いが、印象の変化を味方につけられるかどうかの鍵にな

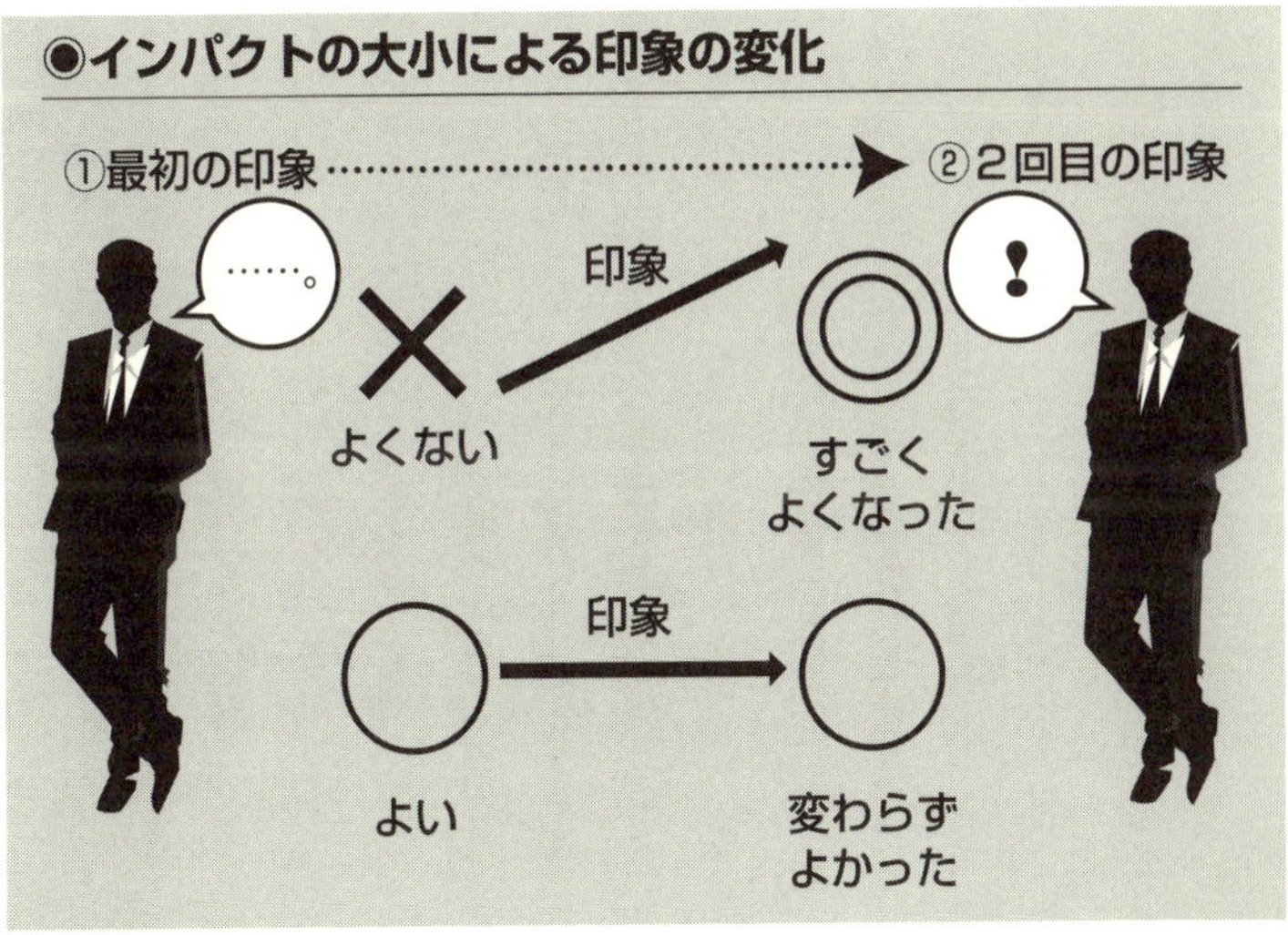


ります。

つまり、「W字の低いほうに流れていくか」VS「W字の高いほうに回復させるか」の違いになるのです。

ゲインロス（GAIN/LOSS）効果という心理学用語があります。**同一のものでも、ある一定期間のうちに感じ方に大きな違いがあるほど、よりインパクトを受けるというものです。**

つまり、上の図のように解釈できます。

**★印象の変化をコントロールできれば、ゲインロス効果が期待できる。**

## ゲインロスこそ「変化の杖」

印象には、それを構成する要素と変化の流れがあります。

構成する要素とは、

1. 視覚的（見た目）
2. 聴覚的（話し方）
3. 言語的（言葉の情報）

であり、それらは、表面的な情報と周辺情報とに分かれています。

また、変化の流れは、

1. 事前のイメージから作られる印象
2. 第一印象
3. 都度の印象

になり、相手の印象により自分が影響を受けることもあれば、バイオリズムのようにW字に変化をしていくこともあるものです。

ゲインロス効果は、印象の発生と変化の仕組みを知る人にとっては、コミュニケーションの最強の武器になります。あなたの印象を見せるうえでの「変化の杖」と成り得るのです。

第一印象が悪くても、第二印象がよければそれは相手にとってあなたの印象を上向きに変えることになるのです。

大切なのは、あなたの印象の変化を「思ったより、○○な人じゃないか」と、よい方向に感じさせることです。そのためには、従前の印象を自覚することが必要になってきます。つまり、（今の自分はどう思われているのか）そして、（どのようなしぐさや発言から感じ取られているのか）を知ることが、重要なのです。

あなたの魅力は、従前の印象とこれからの印象との差異、すなわち**ギャップによって引き立たせていくことができる**のです。

**★印象は変化する。大切なのは、その変化をどう見せていくかである。**

## 変化の杖を手にしたら、何ができるのか？

人の魅力や信用は、どの段階で感じられてくるものでしょうか？

新人営業マンだったころ、私は第一印象を気にしていました。むしろ、第一印象だけを大事していたと言ってもいいでしょう。第一印象に磨きをかけると、玄関先でお話ができるお客様も増えていきました。しかし先輩と違って、さっぱり契約が取れなかったのです。

先輩との違いはどこにあるのだろう？　と悩む日々が続きました。

「魅力を感じてくれれば、応援していただける」「信頼していただければ、頼ってもらえる」これが、先輩からよく聞かされた営業の秘訣です。

第一印象で好感（魅力）をもたれたとしても、「信頼」を感じさせることはできません。「魅力」を「信頼」へとつなげていくためには、実は2つのステップが必要だったのです。

それは、

1.「初めの印象」と「2番目の印象」を見せる
2.「印象のギャップ」を感じさせる

ということです。

あなたの魅力が相手に伝わるためには、よい意味で印象のギャップを相手に感じてもらうことが大切なのです。そのためにも、あなたは自分の「初めの印象」を把握しておく必要があります。ここで重要なのが、悪い印象だからといって諦めてしまうのではなく、まずその印象を受け入れることです。「初めの印象」を受け入れることで、「2番目の印象」に何が必要なのかが見えてきます。2つの印象に感じられ方の差があれば、そこにギャップが生じます。印象のギャップは、ゲインロス効果によって、大きなインパクトに生まれ変わっていきます。従前の印象に比べ、よい意味での驚きが感じられたとき、ゲインロス効果はプラスに作用します。そうすることであなたの印象は、「信頼」へと変わっていくのです。つまり、「初めの印象は必ずしもよくなければならない」とは言えないのです。

ゲインロス効果を用いて、どのように印象を変えていくことができるのか？

このあと、具体例も含めて紹介していきます。

**★ギャップを作り出すことで、あなたの「魅力」は「信頼」に変化する。**

## ゲインロス-1《「ヒキタタセタイ」が叶う》

ゲインロス効果によって、あなたの印象を引き立たせる5つの考え方を紹介します。

1つ目は、「ほかを隠さない」考え方です。

ここに、見た目がまったく同じ5本の鉛筆があるとします。

この中で1本の鉛筆に注目してもらいたいと思ったら、どのような方法があるでしょうか？

A．1本をほかの4本から遠ざける
B．キャップをかぶせたり、印をつけたりする
C．鉛筆削りでほかの4本を削る（または、目立たせたい1本を削る）

では、5本の鉛筆をあなたの印象に置き換えてみた場合、どのように考えられるでしょうか？

あなたが人から受ける印象のうち、ある一つの印象を目立たせたかったとしたら……。

A．ほかの印象を隠す
B．その印象をより強くアピールする
C．並べて見せることで、差を感じさせる

どれも正解のように思われますが、あなたがもし「第一印象に縛られない生き方」をしようとするのであれば、**Cを選択することをお勧めします**。

A．では、あなたが認めていない印象はすべてコンプレックスにつながる恐れがあります。
B．では、打ち解けにくい壁のようなものを、相手が抱くかもしれません。
C．こそ、本当のあなたを出しながら、魅力を感じさせることにつながっているのです。

自信のないところを隠そうとしたり、よいところばかりをアピールしたりしていては、魅力を感じさせることはできません。魅力を引き立たせることができるのは、すべての印象を認め並べたうえで、差を感じさせることにあるのです。

**★隠すのでも、目立たせるのでもない。堂々と並べてみせることが魅力につながる姿勢となる。**

## ゲインロス-2《チョコレートとストロベリー》

2つ目の考え方は、「ギャップを感じさせる」考え方です。

変化を与えることで実力以上の力を感じさせることを、「チョコレートとストロベリー」を使って説明します。

まず、あなた自身をストロベリー（イチゴ）にたとえたとします。

あなた（イチゴ）の特徴は、

・赤い色
・適度な甘さ（甘味）
・ほんの少しの酸味

の3つです。

もし、「ほんの少しの酸味」をより大きく感じてもらおうとしたら……。

私だったら、チョコレートを先に食べてもらう方法をとります。ショートケーキのイチゴが酸っぱく感じるのと同じ、甘さのあとに酸味が強調されてくるからです。

**イチゴの成分そのものは変わらなくても、食べ合わせによって、それも順序の違いによって、**

**酸味そのものの感じ方が違ってきます。**酸味が甘味によって引き立たされるように、味覚にも相対する相性があります。

印象についても同じことがいえます。58ページでも触れたように、あなたの印象は一つではありません。なぜなら、それは受け手によっても、状況によっても変化していくものだからです。

ではそうしたあなたの印象の中で、「引き立たせたい印象」とはどのようなものでしょうか？

・（実は）責任感がある

　それとも、

・（実は）気さくな人である

　ですか？

自分の「引き立たせたい印象」が決まったら、その前に相手に食べてもらうチョコレートは何になるかを考えましょう。チョコレートとストロベリーをセットにする考え方が必要です。

ここで大切なのは、前後のギャップを感じさせることなのです。

**★引き立たせたい印象は、後出しで大丈夫。そこに、ギャップを作り出そう。**

## ゲインロス-3《「砂漠の一滴」になれる》

3つ目は、「タイミングをつかまえる」考え方です。

あなたの印象を引き立たせる方法には、感じさせる順番による「チョコレートとストロベリー」のほかに、登場場面による方法があります。それが「砂漠の一滴」という考え方です。

「砂漠の一滴」という言葉を用いた理由は、2つあります。

・待ち望んだものとしての砂漠の一滴
・さっと大地に染み込んでいく砂漠の一滴

この「砂漠の一滴」を印象に置き換えてみると、

・（なかなかそういう人、いないよね）という気持ちを抱かせる
・（なくてはならない）期待感に変える

となります。

ゲインロス効果を出すためには、変化の違いを相手に感じてもらう必要があります。**ただし、あなたが変わるのではなく、周りの変化を利用する**のです。それが、「砂漠の一滴になる」方

法です。真夏、仕事明けのビール。最高ですよね。このとき、ビール自体の味つけは変わってはいません。違いがあるのは、タイミング・場所・心身の状態などの、ビールを除いた周りの環境なのです。自分が相手に伝えたい印象はありますか？　相手がそれを望むタイミングはいつでしょうか？　そのタイミングをつかむことこそ、砂漠の一滴になれるチャンスなのです。

ゲインロス効果を出すためには、変化の違いを相手に感じてもらう必要があります。そのためには、まずあなたと相手の状況や気持ちの変化に気を配ることです。大切なのは、**あなたが変わるのではなく、周りの変化を利用することでギャップを感じてもらうこと**なのです。それが、「砂漠の一滴になる」方法です。

「営業マンはしゃべりすぎるな！」と、よく言われます。「しっかりお客様の話を聞いてニーズをつかめ」、つまり話し方よりも聞き方が大事であるということです。お客様の話を聞くと、自分が「いま、何を話すべきか」がわかってきます。できる営業マンの商談とは、お客様が求めているタイミングを逃さずに商品を紹介する方法なのです。「空気を読む」という言葉でも表されるように、あなたが伝えたい印象が最も効果的に感じられるタイミングをつかまえることが重要です。

**★周りの変化を利用することも、あなたの印象を変える方法である。**

## ゲインロス-4《荒野に咲く一輪の花》

4つ目は、「オンリーワンを恐れない」考え方です。

あなた自身が変わること以外にも、周囲の変化が結果的にあなたの印象を引き立たせることがあります。それが「荒野に咲く一輪の花」の考え方です。

具体例を紹介します。

あなたの悩みの種が「若く見られがちで、どうしても新人に見えてしまう」ことだとします。その場合、「若いと思われないようにしよう」と、服装などの見た目や専門用語を使うことなどで工夫することもあるでしょう。しかし、表面的な工夫で印象自体を変化させることは難しいものです。ヘタをすると、生意気に見られてしまうことにもなりかねません。

「若く見られがちで……」というのは、あなたの印象であり、それ自体が弱点と決まっているものではありません。**大切なのは、それも武器の一つだと認識できるかどうか**なのです。若い＝元気＝やる気という図式は、前章のステレオタイプの項でも紹介したように、印象を勝手に結びつけてしまう図式です。つまり、見せ方によっては武器になるのです。

「若く見られがち」という武器をもっているのなら、必要なときが来るまで隠しもっていればよいのです。必要なときは、たとえば次のようなときに訪れるはずです。

・クレーム対応中のお客様に対し、現状を打破したい
・やる気をアピールしたい

ゲインロス効果は、相手が印象の差を感じたときに表れてきます。それは、あなたの印象そのものが変化しなくとも、周囲を利用して変化を感じさせることで、効果を発揮させることもあるのです。

先ほどの場面では、もし「年配に見られがちな人」たちのグループにあなたがいた場合、そのグループの中ではあなたが変化そのものになります。それこそが、あなたが「荒野に咲く一輪の花」になるときです。

**★他人と比べて差がある部分は、それだけで武器になるときがくる。弱点と思わないことだ。**

## ゲインロス-5《感動・ワクワク・ドキドキも作り出せる》

ゲインロス効果の特徴は、印象を上書きして固定化させることにあります。

ところで、次のような経験をしたことはないですか?

A-① 第一印象に好感をもって、いろいろ話をしてみたくなった。

A-② 話をしていくうちに、「あぁ……。なんだか違う……」と思ってしまった。

また反対に、

B-① 第一印象では「冷たそうな人かも……」と思っていた。

B-② 話をしていくうちに、「すごい、芯のしっかりした人だなぁ」と感心した。

実はA、Bとも、相手に対しての印象に、ゲインロス効果が働いているのです。

Aの場合は、当初の期待値が高く、そのあとにがっかりしています。①と②の差（ギャップ）が、その後の印象を通常よりも下に感じさせてしまうのです。よい印象をもっていた分、落ち込みも激しかったとされる典型的な例です。

一方、Ｂの場合はどうでしょうか？　当初の期待値がやや低かったものの、そのあとに小さな驚きが感じられています。この驚きが①と②の差（ギャップ）で生じた感情です。この場合では、印象は通常よりも上振れした位置で残ります。ここでの驚きはたとえ小さくても、印象の感じ方においては、「すごい芯のしっかりした……」というように大きく感じられていきます。

これが、ゲインロス効果による第一印象上書きの仕組みです

この方法を応用すると、**一番伝えたい印象をあえて2番目に登場させることにより、感動・ワクワク・ドキドキといった魅力的な印象を作り出していくこともできる**ようになるのです。

第二印象で上書きする方法がわかれば、第一印象を気にする必要はなくなってくるのです。「あなたのよさ」は、必ず相手に伝わっていきます。ただしそれは、最初から伝わるとは限りません。だからこそ、第一印象だけで諦めてしまってはいけないのです。それは同時に、「相手の印象も、第一印象だけを見て決めつけてしまってはいけない」という考え方でもあります。

**★ギャップにより上書きされた印象は、その状態で固定されていく。**

## ドラマには、やはりドラマがあった

ドラマの中にも、印象のギャップを用いてゲインロス効果を働かせているものが数多くあります。水戸黄門や推理ドラマにも、そのエッセンスが含まれています。

《印象の上書きを使った例》

水戸黄門であれば、「この方をだれと心得る！」から始まる一連の流れで、それまでの越後のちりめん問屋のご隠居からイメージの一新が図られます。

ここでは登場人物からの視点で見ると、町に起こっている問題解決への期待値に変化が起きています。「人はよいが、ちりめん問屋のご隠居では解決できそうにないだろう」という町人の気持ちは、期待値という印象では低い状態から始まります。しかしクライマックスにかけて、（低い）状態から一気にイメージが引き上げられていきます。おそらく初めから水戸光圀公であると名乗っているよりも、英雄度が増しているはずです。

《印象のW字回復を使った例》

また、推理ドラマであれば、「まさかこの人が犯人だったなんて！」という衝撃を、見る人に与えるために印象のギャップが使われています。
この場合は、「よい人だと思っていたのに……」という好感度（高い）から一転、犯罪者であったということで、好感度をいったん下げます。そうしておいて、さらに犯人の心理状態に焦点をあて、その犯罪がだれかをかばう、などの理由から引き起こされた場合には「本当はよい人だったんだ」という印象を再度感じさせることで、全体の後味を悪くないものに調和させていきます。

このように印象のギャップを感じさせることで、登場人物をより魅力的に感じさせることができるのです。つまり、**最初の印象が低かったとしても、その時点であきらめる必要は無い**ということなのです。違った印象を感じさせることで、いかにギャップを作り出すことができるかが、ゲインロス効果を狙ううえで一番必要とされる考え方です。

**★印象のギャップを見せていくことで、あなたがドラマの主役になる。**

# サムライジャパン、人気急上昇の秘密

サムライジャパンといえば、サッカーワールドカップ。そして２０１０年ＦＩＦＡワールドカップ南アフリカ大会を思い浮かべるという人も多いのではないでしょうか？

南アフリカ大会では、日本中を熱狂させるとともに、多くのスター選手が生まれました。２００６年ドイツ大会と比較しても、その後の盛り上がりは大きかったように感じます。

私たちが感じたこの盛り上がり、実はここにもゲインロス効果があったのです。それは開催直前の２０１０年東アジア選手権から始まりました。

1. 開催直前でまさかの連敗（やっぱり岡田監督ではダメだ……）
   ２０１０年東アジア選手権（3位／4チーム中）・キリンチャレンジカップでは、セルビア戦（0対3負け）・韓国戦・イングランド戦・コートジボワール戦のすべてに負け、支持率16パーセントまで降下（Yahoo! Research 調べ）
2. 解説者（セルジオ越後・釜本邦茂）らにも本戦での０勝を予測された（印象最低）

**◉岡田監督に見る ゲインロス効果の好例**

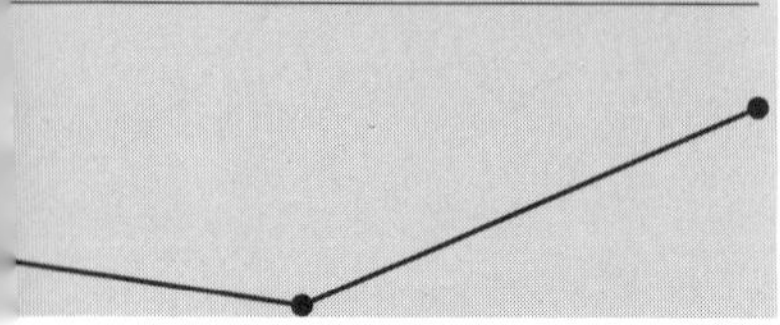

勝率と社会的評価とが連動している

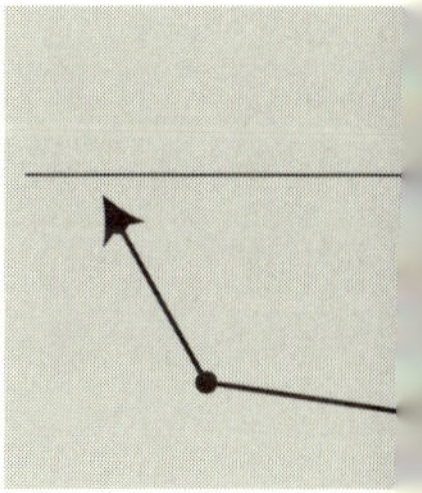

3. 初戦、格上とみられていたカメルーン戦に1対0で勝利
4. その後オランダ戦で惜敗したもののデンマーク戦で勝利、見事ベスト16入りを果たした

1のポイントは、「やっぱり……」という部分です。フランス大会での予選通過・J監督としての実績があるものの、**悪い印象をもたれると、ほかの悪いところまで想起され、よい部分は薄らいでしまいます。**しかし、4の結果に至って岡田監督の印象は急上昇します。

この印象の変化こそ、従前の低い印象からのギャップで好印象の上書きを果たした最大の要因なのです。その後、すべてにおいて評価が一変。大会前の連敗についても、あえて格上の敵と戦った意味などを含めて、それまでとは正反対の評価となりました。「岡ちゃん、ごめんね」は、2010年新語・流行語大賞にノミネートされるに至ったのです。印象が悪いときは、過去の失敗まで含めて評価されてしまいます。だからこそ、好印象に上書きされれば、すべての失敗も好評価の対象となってくるのです。

**★失敗は成功のもと。この言葉こそ、ゲインロス効果を得た証しである。**

# 印象を変化させるタイミングを間違えるな

「青島刑事・湾岸署」といえば『踊る大捜査線』。映画にもなった人気ドラマです。この中で、故いかりや長介が演じた老刑事、和久平八郎の言葉は私の好きな言葉の一つです。

その言葉は、「正しいことをしたければ偉くなれ」。

さてこの言葉、私は自分に置き換えて、こんなふうに解釈しています。

**「偉くなる＝出世ではなく、周りに（職場であればチームに）溶け込むこと、そして実績を出すこと」**を指している、と考えています。

だからもしも転職・異動をしたときに、「これはおかしいじゃないか?」「もっとこうすべきだ」という違和感や意見があったとしても、「ただ単に主張することはしないようにしよう」と決めています。

前項で岡田監督の例を挙げましたが、もしも連敗を続けていた最中、仮に「理想とする選手育成法」を提唱したとしましょう。果たしてどれくらいの評価を得たでしょうか? そしていま、同じ提唱をしたとしたら……。評価はまったく違っているはずです。

自分の考えと会社の考えが違っていて、そこに違和感をもち続けながら仕事を続けるのは苦しいことです。しかし、そこに信念があれば乗り越えられる時期が必ず到来します。

私が訪問販売で住宅地を歩いていたころ、「こんなはずじゃなかった」「もっとこうすればいいのに」といった不満や意見をたくさんもっていました。そのことをたまに先輩に言うと、「だったら、売り上げを上げてみろ！　そうしたら、それも正しいと認めてやる！」、決まってそう言われたものです。

当時は売り上げを上げることにこそ、結果のすべてがあるように感じていました。だから、それができないから辛い、ダメだと、自問自答していたように思います。

営業マンにとって数字は最終結果です。ただし、あなたの評価・印象は結果に至る過程の中でも変化を繰り返しています。

印象変化の波を無視して主張や愚痴ばかり続けていては、いつまでたっても正しいことができない自分のままで終わってしまいます。

**★信念をもち続け、かつ組織に溶け込もうとすると印象変化の波をつかまえることができる。**

## お化け屋敷とジェットコースターの秘密

これまで説明してきたとおり、ゲインロス効果とは相手が自分に対して従前の印象といま現在の印象との間にギャップを感じたとき、新しい印象がより強いインパクトを伴って上書きされる仕組みのことをいいます。

印象の変化とその感じ方の仕組みによって、私たちが楽しいと感じる場所がいくつかあります。代表的なものがアミューズメントパークにある「お化け屋敷とジェットコースター」でしょう。そこに隠された秘密を紹介します。

お化け屋敷とジェットコースターに共通したもの、それは変化の波があることです。意図的に感じ方の波を作り出している点が共通しています。

《ジェットコースター》
・登り切って景色が開けたタイミングを計って急降下
《お化け屋敷》
・すこし気を抜いた気持ちにさせる空間のあとに、お化けが飛び出してくる

　これらは、感じ方の差を大きくすることで、あとに感じる印象を強くさせる効果をもたせています。私たちは、「もしかしたら」とうすうす気づいていたとしても、まんまと仕掛けにかかってしまうのです。


　こうした仕掛けを自分自身に仕掛けてみましょう。

「さすが、いやぁ、やっぱりやってくれると思ったよ！」

　こうしたセリフが相手から出てくるようであれば、それはギャップによって上書きされた印象が強調された瞬間です。**プラスのギャップをつくるポイントは、場が停滞したときに強いギャップを感じさせる言葉や行動です。**

　たとえば、あなたが「なんとなくおとなしい印象」を周囲に与えていてそれを一新したいときは、「さっと資料を渡す」「自己紹介の第一声を元気に！」などのアクションを起こしましょう。

　これだけで、「ほぅ」と相手に思わせる、印象を上書きしてしまう効果が生まれるのです。

**★上書きに必要なのはタイミング。ギャップを感じさせるのは、シンプルな言葉・行動だ。**

# ちょいワルおやじは、なぜモテたのか？

ちょいワルおやじとは、雑誌『ＬＥＯＮ』で提唱された「やや不良がかって見える中年男性ファッション」のことです。最近ではやや下火になったものの、私も含めひそかに目指している中年男性も多いことでしょう。

さて、このちょいワルおやじを語るうえでも、ゲインロス効果が大きな役割を果たしています。言い換えれば、モテる秘訣もゲインロス効果に隠されているということになるのです。

なぜ、ちょいワルおやじはモテたのでしょうか？

ちょいワルおやじの代表格として、パンツェッタ・ジローラモ、高田純次を挙げる人も多いと思います。また、おやじではないもののＥＸＩＬＥをちょいワル系のモテ男としてイメージされる人もいるでしょう。

彼らに共通しているもの、それは**「意外性のギャップ」**なのです。

- パンツェッタ・ジローラモ、高田純次

「少し悪そうに見えるけど、実は優しい／面白い」

・EXILE
「少し怖そうに見えるけど、声が優しい／歌がうまい」

残念ながら、見た目のファッションだけにこだわっていたり、話し言葉や振る舞いまでもがワル系なままであったりしては、「悪い感じのイメージ」だけの人になってしまいます。テレビタレントやスポーツ選手の中にも、こうした「悪い感じのイメージ」になってしまっている人がいるのも事実です。

この図式をもとに、あなたが「ちょいワルリーマン」になろうとしたら、何ができるでしょうか？　会社勤めの人ならば、ファッション面での工夫には限界があります。そこで、お勧めしたい方法を一つ紹介します。それは、「ズバッと決断」「バシッと帰る」そうして「熱く語る」です。決断が早く、残業でへとへとでもない姿は、周囲の興味を引きます。ただし、それだけでは「いいかげん？」といった印象も与えてしまうでしょう。ワルではありませんが、よくない印象にも取られがちな姿です。そこで必要になるのが意外性のギャップです。「いいかげん？」と思われがちな印象は、「熱く語る」ことで意外性のギャップを作り出します。すると、従前の印象と相まって「あいつの働き方、かっこいい」と映ってきます。

**★意外性のギャップが、人を魅力的に見せる鍵である。**

# 魅力的にみせる、意外性のギャップ

「若いからこれほどの結果は出せないと思っていたのに……。いやぁ、大したもんだ」。

あなたがもし、このように言われたとしたら、それは意外性のギャップによってゲインロス効果が表れた結果といえるでしょう。そこにある「意外性」とはどのようなものでしょうか？印象が好転するきっかけになるギャップとは、初めに受けていた印象からは予想し得なかった、よい食い違いのことです。つまり、よい意味で期待を裏切った結果が、「……いやぁ、大したもんだ」という言葉につながるのです。

冒頭の例は、思い込みから生じた意外性のギャップだといえます。

若い → 新人 → 経験不足 → 頼りない

といった、ステレオタイプによる思い込みが先にあり、その人の印象が連想されていきます。しかしその後、「しっかりしているな」という印象を受けたとき、驚きと同時に意外性のギャップが生まれます。すると、「若いのに大したもんだ」という、よりよい印象へと上書きがなされていきます。人は驚きを感じるものに興味を引かれます。その驚きが意外性に満ちていたとき、その対象に魅力を感じていくものなのです。

受ける印象を時系列でみてみると、

**①見た目の第一印象……見た目、話し方などの表面的な印象**
**②思い込みの印象……勝手に描くイメージによる印象**
**③経験から得た印象……昨日もミスしたから今日も同じだろうといった印象**

になります。

意外性のギャップは、すべての印象で作り出すことができます。ただし、①→②→③の順に意外性を感じさせる難しさはアップしていきます。③の場合では、①②に比べると表面的な印象でない分、ギャップもまた表面的な変化では感じさせることが難しいからです。③の段階で意外性のギャップを引き出すためには、「結果」を出すというステップも同時に必要になってきます。何らかの「よい結果」を出したタイミングで、見てもらいたいあなたの印象を押し出すといった順序が必要になります。子どもが１００点の答案を取ったとき、おねだりするのが効果的なのも同じ理由です。もちろん職場では、「契約を取った」や「企画書・資料をほめられた」タイミングが、あなたが見せたい印象を伝えやすいときだといえます。

**★相手が思う『きっとこうに違いない』を知る。そこにギャップをつくるヒントがある。**

# 若さと馬鹿正直さ

若い（新人）↓頼りない

あなたがもし、このように言われたとしたら、「しっかりとした印象」を見せることで、よいギャップが作れるでしょう。しかし、注意しないと悪いギャップを作ってしまうこともあるのです。ここでは、私の先輩が「若い新人から頼られたい」と感じていた場合を例に出しましょう。

たとえば、先輩が後輩に向かってアドバイスした場面を想像してください。

次のＡ君とＢ君との違いを比べてみましょう。

《Ａ君の場合》

先輩「Ａ社の見積り、３パターンで出してみたらどうだ？」

Ａ君「はい。わかりました。さっそくやってみます」

先輩「おう、頼むぞ。がんばれよ」

《Ｂ君の場合》

先輩「Ａ社の見積り、３パターンで出してみたらどうだ？」
Ｂ君「あっ、いえ、この場合は、２パターンで十分だと思います。なぜなら……」
先輩「あぁ……そう？　じゃあ、それで進めて」

問題が発生するのは、その結果失敗した場合です。

Ａ君に対しては、「あぁ　ダメだったか？　どれ、ちょっと教えて」とアドバイスモードへ。

Ｂ君に対しては、「あ？　ダメ？　なんでっ？」と、追求モードへ。

Ａ君にあってＢ君になかったもの。それは**先輩の要求に対する「素直さ＝馬鹿正直さ」**です。

Ａ君はこの「馬鹿正直さ」によって、後輩という自分の立場が先輩からどう見られているかを素直に解釈することができていた、ともいえます。


ギャップは、作りさえすればよいというものではありません。相手が自分の印象を「どう解釈しているのか」を想像することが重要なのです。

**★若さを生意気で上書きしてはいけない。若さに組み合わせるべきは、馬鹿正直さである。**

# 3ヵ月でリーダーになる新人には、外さないステップがある

「あいつは信頼できる」。あなたが新人に対して、このような評価をしたと仮定します。その背景には、どのような感情があったのでしょうか？　おそらく、あなたの期待に応えた何かがあったのだと思います。その期待とは果たして「実績・結果」だけだったでしょうか？　実は、あなたが新人に「何を期待していたのか？」それに対して新人が「どう応えていたのか」が、信頼を構築する鍵になったのです。

3ヵ月でリーダーになる新人には、外さないステップが必ず一つあります。それは、**相手が自分に対して抱いている印象、すなわち期待に「応える」**というステップです。

つまり、相手から見て自分は「若いと見られている」としたら、

★元気よく話すことで、「若いという印象に応える」

●「しっかりとした話し方」をすることでギャップを見せる。または「結果を示す」。

★部分が「応える」ステップであり、このステップを踏むことで●部分のギャップを見せた際に、「未熟だ」「生意気だ」という悪い印象への上書きを防ぐことができます。多くの場合、

★のステップを踏まずに知識があることをアピールしたり、結果を強調したりしてしまう傾向が見受けられます。

先輩が新人に対して思うこと。それは少なからず、頼られたいという気持ちでしょう。ところが、この「応える」ステップが抜けている場合、先輩の中で消化不良の心理が働きます。この状態でいきなりギャップを感じてしまうと、驚きは相手に対して、「感心ではなく反感に変わってしまう」こともあるのです。

頭角を現す新人は、相手が自分に対して抱いている印象に「応える」というステップを必ず踏んでいます。このステップを踏むのか外してしまうのかが、3ヵ月後に違いとなって表れてくるのです。

これは新人に限ったことではありません。

あなたは今、「どのような姿を期待されている」のでしょうか？　その期待にまず「応える」というステップを踏まずに評価を得ようとしていませんか？　評価を気にして焦ってしまうあまり、かえって遠回りをしてしまうこともあるので注意が必要です。

**★相手が自分に抱いているであろう印象に、一度応えるステップが重要。**

# クエストをクリアすることが勇者への道

先輩とお客様宅へ営業に行った帰り道。「二瓶さん、王をつまむようなこと、しちゃだめだ」と一言、釘を刺されました。

お客様宅でのクロージングについて、「商品の紹介・見積もりの提示などが焦りすぎだったぞ」という意味を表す、将棋のたとえでした。契約に必要なのは、まさに敵陣深く入って敵を倒すがごとく、順序を経ることです。順序とは、初対面から信頼して契約を交わすに至る、印象を変えていく流れのことです。つまり、一足飛びに王をつまもう＝契約を取ろうとしても、それは無理のある行為である、という意味の先輩の言葉でした。

印象を変えていく方法は、上書きする以外に「印象を積み上げていく」ことでも可能です。商談や定期的な訪問など、ある程度のかかわりを定期的に取れる場合には、その都度の印象を積み上げることで、ストーリーを作るように印象を変えていくことができます。

ここで重要なのは、ゴールとなる印象を具体的に決めておくことです。たとえば、

スタート　第一印象…新人なので、頼りなく見えてしまう

ゴール　思われたい印象…信頼できる人だ

ということであれば、そのスタートとゴールの間をストーリーとして組み立て、その課題（クエスト）をクリアしていくことが必要になります。この場合だと、次のようなクエストＡＢが考えられます。

スタート　　第一印象…新人である　↓　まだ頼りない
クエストＡ　応える…新人であるという印象に応える
　　　　　　（元気な話し方・知ったかぶりしない素直さ）
クエストＢ　見せる…夢・目標を語る、新人らしさを活かしつつ話す
　　　　　　（挿話として挟み込む）
ゴール　　　共感…相手は昔の自分を振り返る　↓　信頼できる人だ

すべての印象は、長所・短所を併せもっています。短所を上書きするのではなく、長所として受け取られるよう見せていくことが、印象を効果的に積み上げていく方法です。このように、必要とされるクエストをクリアしていくことで勇者が育っていくように、あなたの印象もまた少しずつ磨かれていきます。

**★共感を得るためには、「応える→見せる」ストーリーが必要である。**

ココロの
準備体操
②

# 「タラ・レバ」解禁令!?

「タラ・レバ」を解禁して、バンバン使っていきましょう！「……そりゃだめでしょ？」と思う人もいるでしょう。そのとおり、普通のタラ・レバは、絶対に使ってはいけません。タラ・レバというのは、「現在のうまくいっていないことに対し、その物事の発生時にさかのぼって振り返るときに使う言葉」。いくら悔やんだとしても、現在が変わることはありません。過去の自分の選択を悔やむことを繰り返すと、現在・未来の選択・決断ができない（自信がもてない）という状態になってしまいます。だから普通のタラ・レバは、絶対に使ってはいけないのです。

解禁するのは、「逆仕様のタラ・レバ」なのです。つまり、現在のよい事・感謝したい事に対し、さかのぼって振り返る。そのために使うタラ・レバなのです。たとえば、大切な友人と食事をしているときに「あのとき、声を掛けてなかっタラ、いまこうして～」という具合に振り返る。すると不思議、「過去の自分の行動に自信」が生まれます。これからもきっと大丈夫だろう。そんな勇気が湧いてきますよ。

いいこと探しができたなら、「逆仕様のタラ・レバ」使っちゃいましょう！

Do not depend on the first impression!

第3章

# ゲインロス効果とピーク・エンドの法則

第一印象をやり直すことは残念ながらできません。しかし、上書きすることはできます。

印象とは感じ方であり、変わりやすいものです。変わりやすいからこそ、変えやすいのです。

印象は、それを受け取る相手の感じ方によって作られます。もしもあなたが、「第一印象に自信がない」「印象でいつも失敗してしまう」と感じているとしたら、すべきことは自分を変えることではなく、見せ方を変えることなのです。

# 正のゲインロス／負のゲインロス

第一印象の上書きを可能にするゲインロス効果。しかし、よいことばかりではありません。ギャップによる印象の変化には、注意すべき落とし穴があります。それが、負のゲインロス効果と呼ばれるものです。今までに、パソコンで「間違ったデータを上書きしてしまった」という経験はありませんか？　ゲインロス効果の使い方を間違えると、逆に悪い印象に上書きされてしまうこともあるのです。

たとえば、次のような場合に正負の違いが分かれていきます。

〝合コンで知り合った人〟とそのあとに会った。という事例で説明しましょう。

《正のゲインロス効果》

・「第一印象？　うーん、まあこんなもんかなぁ……と」

・「それからもう一度会うことになって話したらさ、なんかすっごく面白い人なんだよね」

第一印象で面白い人という印象を抱くよりも、あとから感じたほうが〝より強く〟感じることがあります。特に魅力的な意味合いのギャップを感じたときに、正のゲインロス効果が働くのです。

第一印象（マイナス10点）＋ 第二印象（プラス10点）《正のゲインロス効果》 ＝結果の印象（プラス10点）

**《負のゲインロス効果》**

・「第一印象？　結構盛り上がって、面白い人だと思ったんだよね」
・「それがさぁ、別の日に会って話したら……ちょっとイメージと違ったというか」

新しい印象が好ましくなかった場合、〝がっかりした〟という気持ちが、負のゲインロス効果を生んでしまうこともあります。

第一印象（プラス10点）＋ 第二印象（マイナス10点）《負のゲインロス効果》 ＝結果の印象（マイナス10点）

本来であれば、どちらのケースも±0点になるはず。ところが感じ方の順序によって、プラスαの効果が発生するのが、ゲインロス効果の仕組みです。またゲインロス効果によって上書きされた印象は、第一印象と比べて変化しにくくなるのが特徴。くれぐれも、悪い印象で上書きしないように注意しましょう。

**★印象は、上書きされたときに加点され、その後は変わりにくくなる。**

## わざと悪い印象からスタートすると……

ゲインロス効果をプラスに働かせるためには、印象のギャップをどう感じさせるかが重要になります。

「それなら、最初の印象を悪く見せることがよいのではないか？」このように思われる方も多いと思います。確かに初めの印象が悪ければ、次の印象をよく見せることは比較的容易になります。しかしそれは、〝ギャップを感じさせる〟ことに限定しての話です。ギャップを使って印象をよくするためには、「そういえば、納得できる」という感覚が必要になるのです。

たとえば先ほどの合コンの場面で見た場合、

- 「第一印象？　うーん、まあこんなもんかなぁ……と」

ここには、「よさそうな感じ、するにはするけれど」という感じ方が隠れています。

人は通常、印象をよくしようと心掛けているものです。ところが緊張していたりすると、思うような行動が取れなかったり、言葉足らずになってしまうことがあります。また反対に、印象を受け取る側も緊張していたり、ほかに考え事をしていたりするときがあります。すると、相手もまた、あなたの印象を十分に受け取れていない場合もあるのです。こうした状況のなか、仮にあまりよい印象を受けなかったとしても、無意識の中では「本当にそういう人なのだろうか？」という〝疑問符が残って〟いるのです。その疑問符があるので、次に受けた印象から「あぁやっぱりよい人だった」と感じたときに、無意識にためていた気持ちが表に現れます。気持ちをためていた分、よい人だったという印象が大きくなったという結果につながってきます。

「わざと最初の印象を悪く見せようとしてみよう……」。

このように印象のギャップを演出したとき、相手はあなたの印象の変化が理解できず、二重人格者のように捉えてしまいます。理由は、わざと悪い印象に見せようとした場合、あなたの行動に〝よい印象を心掛けよう〟という気持ちが込められていないからです。この〝気持ち〟が込められていないと、相手の無意識に〝疑問符〟が残りにくいのです。つまり、**相手はあなたを悪い印象のまま納得している状態**になります。疑問符をもたない状態でギャップを見せられると、どちらの印象で判断してよいかがわからなくなります。すると、「二重人格では？」という印象に置き換えられてしまうことにつながります。

意図的に最初の印象を悪くする演じ方は、お勧めできません。

**★よい印象を心掛けている気持ちは、相手の無意識に残り、プラス効果の源泉になる。**

# プラス効果のゲインロス《4勝3敗の英雄になれ》

プロ野球日本選手権シリーズ（通称日本シリーズ）は、セ・パ両リーグの覇者が日本一をかけて争う短期決戦の場。ここでは、7試合のうち先に4勝したチームが日本一となります。さて、この4勝の勝ち方に「英雄の図式」が隠れていることをご存じでしょうか？　同じ4勝でも、**勝ち星の取り方によって、評価は大きく変わってくる**のです。つまり、4勝3敗で日本一になった場合、何試合目に勝つかということで、スポーツ新聞の見出しも大きく変わってくるのです。下の表のような2つの優勝パターンで比べてみましょう。

いずれの場合も、7試合後に日本一になるという結果は同じです。ところが評価には、天地の開きが出てしまったのです。なぜでしょうか？　実はここに印象と評価を結びつける関係があります。次の例で説明しましょう。

《英雄の図式》

| | |
|---|---|
| 第１試合 | 負け |
| 第２試合 | 負け |
| 第３試合 | 負け |
| 第４試合 | 勝ち |
| 第５試合 | 勝ち |
| 第６試合 | 勝ち |
| 第７試合 | 勝ち |
| ★新聞見出し「奇跡の優勝！　神風ナインＶ奪取」<br>★監督、選手の諦めない心が……。 | |

・営業成績が順調なAさんが月初めに100万円を受注 VS 調子が悪かったBさんが月末に根性で70万円を受注

結果評価としてはAさんに軍配があがります。しかし「よくやってくれた」という印象がプラスされたBさんの評価もまた、Aさんに負けていません。印象は感情によって導き出されるものです。〝結果しか評価しない〟と豪語している上司がいたとしても、こうした「英雄の図式」には勝てません。

《最悪の図式》

| | |
|---|---|
| 第１試合 | 勝ち |
| 第２試合 | 勝ち |
| 第３試合 | 勝ち |
| 第４試合 | 負け |
| 第５試合 | 負け |
| 第６試合 | 負け |
| 第７試合 | 勝ち |

★新聞見出し「やっと勝った！　失速!? の末のＶ」
★監督はじめ、インタビューでは反省半分……。

**★初めに失敗しても諦めてはいけない。そこに英雄の図式が隠れている。**

## プラス効果のゲインロス《真冬の太陽になれ》

周囲が変化することによって、印象の感じられ方が変わることがあります。時計の針音が代表的な例といえるでしょう。たとえば、それまでついていたテレビを消した途端、秒針の音が気になることがありませんか？　秒針の音の大きさは変わらないのに、周囲の環境が変化したことで、音が大きくなったように感じることがあります。こうした例では、周りの変化によって、残されたものにギャップが生まれたような錯覚が起きるのです。この錯覚を利用することで、ゲインロス効果を発揮させることができます。つまり、**自分自身は変わらなくても、周囲の変化であなたの印象は上書きされます**。

私たちを照らす太陽は、夏に比べて冬のほうが暑く感じません。しかし熱さは強くないものの、冬の日差しはとても大切にされています。それには次の2つの理由が考えられます。

- 気温が低く寒いことで、暖かい日差しが心地よいから
- 日照時間が少ないことで、その日差しの貴重さが高められているから

これは、太陽そのものが大きくなるわけでも強くなるわけでもなく、環境の変化によって、その感じられ方・評価が高まった結果です。私たちの印象は、すぐに変えられるものではあり

ません。大切なのは、「自分はどのような印象に見られることが多いのかを知ること」、そして「周囲の変化に気づき、自分の印象が輝くのはいつか」を把握することです。把握したうえで行動を起こすことが重要です。いつでもどこでも自分をアピールし続けるのではなく、「自分はどういうタイミングに強いのか」をわかっているかどうか、それがあなたの印象を魅力・信頼に変えていく決め手になってくるのです。これが「真冬の太陽になれ」という言葉の意味です。

私の先輩営業マンに〝顔つきが怖い〟と言われる人がいました。いわゆる強面であったため、訪問販売では玄関先での印象が悪かったのです。ところが彼は営業所には欠かせない営業マンの一人でした。それというのも、先輩は家屋調査の担当で本領発揮していたからです。家屋調査は家周りから床下まで行うので、泥だらけになることもあります。彼が担当すると、決まって「これでも飲んでよ」と栄養ドリンクをお客様からいただくこともしばしば。先輩の怖い顔つきは、その一生懸命さを引き立てる役目を果たしていました。結果として、彼の印象はプラスに変化しました。彼はまさに、〝自分の印象の輝きどころを知っている男〟だったのです。

**★自分の印象が引き立つタイミングを知ることも重要である。**

# 行動経済学にもあった。もうひとつのゲインロス

心理学者ダニエル・カーネマン教授が発表した理論に「ピーク・エンドの法則」というものがあります（2002年ノーベル経済学賞を受賞）。この法則こそ、あなたの印象を上書きするもう一つの鍵になります。ピーク・エンドの法則とは、**「人間は、過去の経験をピーク（最高または最悪のとき）とエンド（終わり方）によって判断する」**というもの。出来事の印象が、その感じ方により左右されるという点では、ゲインロス効果とも共通するところがあります。

ピーク・エンドの法則を恋人とのデートを例にとって説明すると、デート途中の最もよかった（または最悪だった）経験と、そのデートの終わり方の経験で決まってくるということになります。たとえば、次のデートの場合を点数に置き換えてみましょう。

- スタート　待ち合わせに遅れてしまった　（－10点）
- ピーク　映画で2人とも感動した　（＋30点）
- ランチ　入ったお店がよくなかった　（－20点）

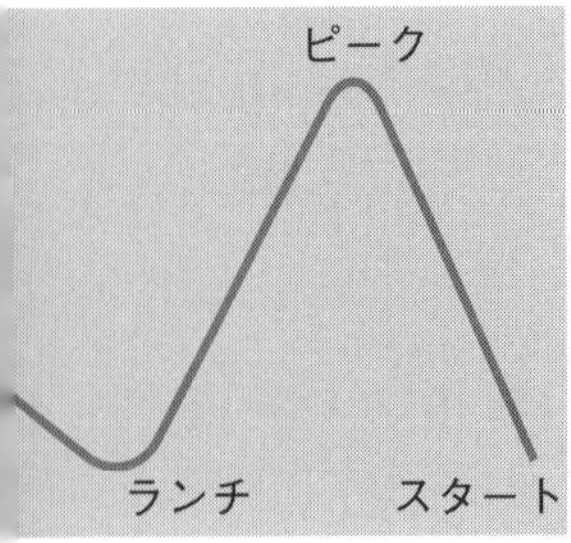

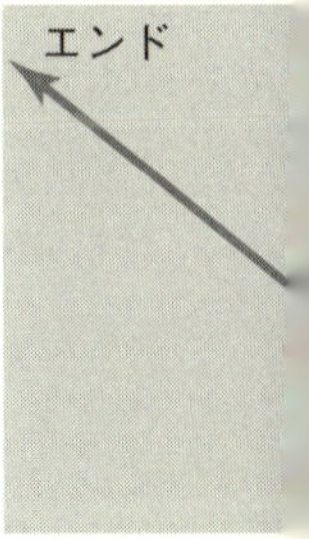


・エンド　　ドライブして、夜景を見たあと送っていった（＋20点）

普通に計算をすると、デート後の親密度：（－10＋30）＋（－20＋20）＝20。デート前と比べて20点アップするはずです。しかし実際には、このデートの中でのピークは「映画」、エンドは「ドライブ」でした。〝待ち合わせで遅れたこと〟〝ランチの店選びで失敗したこと〟は忘れてはいないものの、全体の印象を判断するときには、ピーク・エンド以外の情報は使われません。結果として、（＋30＋20）＝50と、50点もアップしてしまうのです。

一瞬の印象を連続して積み重ねると、経験としての印象に変わってきます。昨日を振り返ってみたり、友人と出会ってからの一年を振り返ってみたりするときが、積まれた経験から得る印象です。経験としての印象は、日々の印象の総和で決まるイメージが強いと思います。しかしそれが間違いであることは、ピーク・エンドの法則からわかります。すなわち、友人との一年を振り返った場合も、一番思い出になった出来事（よい・悪いどちらか）と、一番最近のやり取りが、その判断に大きく影響していきます。

**★ピークとエンドでの感じさせ方が、あなたの印象を決定づける。**

## 終わりよければすべてよし

ピーク・エンドの法則は、ドラマ、コマーシャルだけでなく、旅行やイベント演出などにも広く活用されています。コマーシャルでは15秒の中に、旅行であれば、メインの演出と同様に、解散時にまでこだわることが重要といわれています。ことわざの中にも「終わりよければすべてよし」とありますが、これもピーク・エンドの法則を表している言葉だといわれています。

出来事のピークとエンドで判断される仕組みを説明する心理学用語に、「ハロー効果」と呼ばれるものがあります。ハロー効果のハローとはあいさつの意味ではなく、Halo（後光・光の輪）と書き、後光が差すという意味の言葉。その意味は、「ある物事を判断・評価するとき、顕著な特徴に影響されて、その他の特徴についての評価が歪められてしまう」ことをいいます。

たとえば、

- 一流企業に勤めていると、仕事もできる人に思えてくる
- 容姿端麗だと、スピーチもうまいだろうと期待してしまう

などです。人事評価の場面では、ハロー効果に陥らないよう注意しなくてはなりません。実は、ピーク・エンドの法則では、「ピーク」に相当する部分が、ハロー効果の影響を受けることで、全体の印象が引き上げられる（または引き下げられる）のです。先ほどの例でみると、「一

流企業に勤めている（ピーク）」ということが、途中で失敗があったとしても、「多少でも成功に終わる（エンド）」と、最終的にやっぱりすごいという印象で落ち着きます。

「ハロー効果に陥らないように」と言われているということは、逆に考えると、人はハロー効果に陥りやすいということを意味します。**あなたが周りからの印象・評価を良化させていこうと考えるのならば、いかにしてピークを作るかが重要です。**相手がピークを感じられさえすれば、ハロー効果によって、あなたへの期待感が高まってきます。そして、少しでもその期待に沿う結果が出てくると、ピーク・エンドの法則によって印象が引き上げられてきます。必ずしも一流企業や大学、また容姿端麗でなくとも、ピークはだれにでも作れます。

私が営業マン時代に行っていた方法は、「ノルマを達成できた月をピーク」にして、あとは営業所での元気なあいさつだけを心掛けるというものでした。すると、あいさつができる＝営業ができるという印象ができてくるのです。結果として、元気なあいさつだけで上司の期待感がアップします。もちろん一時的なことかもしれませんが、周りの期待感が感じられると、それだけで仕事の意欲・結果が違ってきます。

**★ハロー効果が生まれると、あなたのピークは成長していく。**

## ピーク・エンドの法則があなたに必要な3つの理由

連続した経験の中に、あなたの印象は作られていきます。友人・職場の人間関係など、かかわり合いの時間が長ければ長いほど、積み重なる印象も増えていきます。ピーク・エンドの法則があなたに必要な理由もそこにあります。

理由①《今からでもやり直すことができるから》

「友人をがっかりさせてしまった」「上司に怒られっぱなしで」という具合に、すでに印象が悪くなってしまっている場合もあるでしょう。しかし、あなたの印象は最新の結果（エンド）で判断されていきます。つまり、いまさっき怒られたとしても、時間が経てば途中の経験へと繰り下がります。次に違う結果を出すことで、その結果が新たな「エンド」となり、あなたの印象へと変わっていくのです。

理由②《何度でもやり直しができるから》

〝人生山あり谷あり〟というように、よいこともあれば悪いことも起こります。ピーク・エンドの法則は、成功と失敗を繰り返しつつあなたの印象を高めていくことができます。仮に仕事でミスしても、次の成功でピークを作ることができます。過去のミスをピークとエンドの間に挟み込んでしまえばよいのです。

理由③《家族に対しても必要だから》

夫婦・親子の間では、お互いの印象は変わりにくいもの。それは触れ合う時間が長い分、ギャップが感じられなくなっているからです。ピーク・エンドの法則では、あなた自身の変化は必ずしも必要としません。夫婦・親子で関係するイベントがきっかけになります。たとえば、お正月・お墓参りといった年間行事から、運動会や旅行、そして子どもの受験も、ピークとエンドを作りやすいタイミングといえます。

ピーク・エンドの法則は、見た目や話し方といった瞬間的な事柄からではなく、周囲とのかかわりの中での経験から判断されるものです。そして、よさの「ピーク」と「エンド」がしっかり伝われば、途中の失敗があなたの印象に及ぼす影響はなくなります。「ピーク」は日常の連続したかかわりの中で作られるからこそ、何度でもやり直しが利きます。そして見た目重視の印象でない分、あなた自身への信頼と評価に結びつくのもピーク・エンドの法則の特徴です。

**★いつからでも、だれに対してでも、ピーク・エンドの法則は効果を発揮できる。**

## ピーク・エンドの法則─1《朝から上司に怒られて》

職場の人間関係は、触れ合っている時間が長い分、少しの変化では印象の上書きが成されません。そうした職場の中で、朝から上司に怒られて、気分もブルーに一日がスタート。こうした経験はありませんか？　しかしスタートが悪くても、その後のピークとエンドの見せ方次第で、気持ちも印象もよく、明日へつなげていくことができます。そのポイントは「エンドの作り方」です。簡単に大きなよいピークを作れるのなら苦労は要りません。ただし小さなピークであれば、作ることができます。小さなピークであっても、エンド次第で期待感が変わってきます。営業マン当時、私が実践していたエンドの作り方を紹介します。

朝から仕事でミス！　↓　上司に怒られた
午後お客様から1件見積り依頼を受けた　↓　上司がいたわってくれた（ピーク）
夕方になって書類に不備　↓　上司に怒られた
夜、仕事が終わって　↓　元気にあいさつして帰った（エンド）

こうしたピーク・エンドが作れれば、あなたの好印象は明日へ引き継がれていきます。しかしこの場合、注意しなくてはいけないことがあります。それは、「上司に怒られた経験のほうがより大きなピークであった可能性が高い」ということなのです。もしも同じ状況で、「夜、仕事が終わって、元気なさそうに営業所をあとにしたら……」、どのような印象になるでしょうか？　上司から見ると、悪いピークとエンドで結ばれてしまい、その結果「きっと明日も期待できないな」という印象が引き継がれてしまいます。

イベントなどでも、「最後の締めくくりで台無しになった」ということがあるくらい、終わり方は大事なのです。**人は終わり方の印象と近いピークの印象を見つけ、その2つをもって印象を判断していきます。**したがって、もしも「朝から上司に怒られてしまった」としたら、少なくとも悪いピークの候補が用意されてしまったわけですから、エンドの作り方には注意が必要です。ともすると悪いピークに引きずられてしまう結果になりかねません。悪いピークの候補が多ければ多いほど、気分も落ち込みがちになってくるので、〝よいエンドを作る〟意識をもたなければ、悪いエンドを見せて終わってしまう可能性が高まります。そうしたときこそ、落ち込むのではなく、〝負けたまま終わるものか〟という気持ちが、エンドを作るために必要になってくるのです。

**★よいエンドを作ることで、たとえ小さくてもよいピークが活きてくる。**

## ピーク・エンドの法則－2《売り上げ0円、さあどうする？》

売り上げが0円であっても印象次第で怒られない方法は……残念ながらありません。本項でのポイントは、怒られない方法ではなく〝怒られ方〟です。あなたの印象は、怒られているそのときまで、実は〝確定〟していません。悪いピーク・エンドにさせないことが重要です。物事は、事実を受けて判断されていきます。この場合の事実とは、「売り上げ0円」であること。その売り上げ0円という事実をもとに、あなたは上司に呼び出されている状況が、怒られるまでの流れといえます。さて、上司があなたに対して感じているピークは、現時点では残念ながら「売り上げ0円」です。そうした状況の中で、あなたの怒られ方が悪かった場合、このピークが理由づけとなってあなたの印象が確定されてしまいます。たとえば、上司から「こんな数字でどうするんだ！」と怒られた場合を例にとりましょう。

Aさん　「大丈夫ですよ！　○○と△△では、～の用意をしていますし」

Bさん　「すいません……（黙って下を向くばかり）」

実は2人ともこれでは失敗です。Aさんに対しては、「あいつは、なぜ悪いかがわかっていない」となり、Bさんに至っては「こんなんじゃ、この先もダメだなアイツは」などと思われてしまいます。つまり悪いエンドで結ばれてしまうと、ダメだという印象で確定してしまいます。

怒られ方次第で印象が変わるのであれば、よい怒られ方とはどのようなものでしょうか？　簡単に言うと、「きちんと怒られること」です。あなたは怒られるとどのような気持ちになりますか？　「その全部が、俺のせいじゃないのに！」や「怒られたーっという気持ちで半分真っ白」、ときには「あのとき、部長がいなかったから」はたまた「そもそもなんで俺ばっかり」という感情が頭に浮かんでいませんか？　だれでも怒られるのは嫌ですし、失敗に至った理由をわかってほしい状況もあるでしょう。しかしそこで**必要なのは、「言い訳をするのではなく、怒られるというステップをまずは踏みましょう」ということ**です。怒られるというステップをちゃんと受けてくれていないと感じると、怒っている側は次の段階に進むことができません。したがって上司からすると、この段階がエンドになってしまいます。怒られるというステップを通過すると、お互いに次の段階に入ります。それは説明であったり提案であったりという段階です。

お客様のクレーム対応でも同じことがいえます。怒っているお客様の話をまず受け止めることが一番大切です。「いや、それは」や「すみません」ばかりを繰り返していては、クレームもこの段階でエンドになってしまいます。

**★きちんと怒られることが、悪いピーク・エンドにしない唯一の方法である。**

## ピーク・エンドの法則-3《恋愛の心理学》

あなたが印象をよくしたいと思うとき、それは職場だけではなく、友人や恋人の間でも同じでしょう。「恋愛心理学」という言葉がありますが、恋愛心理の中にもピーク・エンドの法則が発揮される場面があります。たとえばデートの日について紹介します。

まず、デートの約束ができている段階で、第一印象はある程度高い状態と考えてもよいでしょう。問題はデートが終わったあとに印象がどう変化していくのかということです。果たして印象が高まるのか、それとも冷めてしまうのか……。そこで重要になってくるのがデートの中身です。この中身の考え方こそ、ピーク・エンドの法則が大きくかかわってくる部分になります。つまり、デートの印象は、「途中に受けたピークの印象と、終わり方の印象」とによって判断されてくるものなのです。したがって途中で多少気まずい時間があっても気にすることはないのです。映画を観たとき、名シーンとエンディン

軽い驚きがピークを作る

グの印象が強く記憶に残り、その映画の印象を決定づけるのと同じく、デートでも途中に1ヵ所のピークと、そしてエンディングを作ることが重要なのです。

では、ピークはいつどのように作っていくのか？　それは、デート自体を1本の映画として置き換えてみるとわかりやすいでしょう。ピークを作るタイミングは、もちろんデートの中ということになります。それでは、どのようなものがピークとなるのでしょうか？　ピークになり得るものは、何も特別なイベントとは限りません。**あなたとの会話の中で感じた「軽い驚き」で十分**なのです。この軽い驚きが魅力に変わることこそ、ゲインロス効果によるものです。格好つけた話題ばかりの会話をしていませんか？　失敗を恐れて、よく見せようと意識しすぎて、自分らしさを出せていないことはないでしょうか？　当たり障りのない自分を出していては、ギャップを生じさせることはできないのです。もちろん、感動的な映画やプレゼントでもピークを作り出すことはできます。しかし、あなたに魅力を感じて好意を抱いてもらうには、あなた自身がピークの主役にならなければいけません。

**★ギャップを感じさせることでピークを作り出すことが、魅力を感じさせる鍵だ。**

## ピーク・エンドの法則―4《スピーチの秘訣》

流れの中でよい印象を作り出すときにも、ピーク・エンドの法則は効果的です。私はセミナー講師の仕事でスピーチをするにあたって、心掛けていることがあります。それは、**伝える内容をバラバラと並べるのではなく、1本の物語のように流れに乗せて話す**ことです。流れを意識することで、ピークとエンドを効果的に感じてもらうことができるからです。

私はセミナーの中で、次のようなピークとエンドを意識しています。

《ピーク》

セミナー内容にかかわらず、参加者同士の意見交換を含めたワークショップを途中に挟みます。そうして場が活発になったタイミングで休憩を入れます（ここがポイント！）。つまり休憩時間をピークにしているのです。実はこの休憩時間、ただの休憩ではありません。直前にワークショップを行っていると、休憩時間もセミナー内容に関係した雑談が続きます。この雑談にこそ、自主的に参加している意識が高まってくる効果があります。

《エンド》

セミナーの要点を、もう一度伝えます。最後に繰り返すことで、キーワードが記憶される効果があるからです。このエンディング部分では、もう一つ秘密の工夫があります。それは、質疑応答をセミナーのエンディングにしないことです。通常のセミナーでは、質疑応答を最後に行います。質問が多いと時間オーバーの心配があり、質問がないとセミナーの終わり方にインパクトがつきにくいのです。だから私は、質疑応答のあとに〝セミナーの要点〟を話します。こうすることで、セミナー全体がグッと締まります。

身近なスピーチの機会として自己紹介がありますが、あなたはどのような自己紹介をしていますか？　一般的な自己紹介では、1分程度の時間を与えられて行うことが多いと思います。前置きだけで半分以上の時間を使っていたり、10秒ほどで終わってしまったりということはないですか？　実は1分もあれば、ピークとエンドを作ることができます。私の場合は、ピークには「へぇ～」または「えっ？　ほんと？」と思わせることを一つ、エンドでは笑顔を意識してゆっくりと話すことを心掛けて取り入れています。

**★ピーク・エンドを意識することで、スピーチ全体の印象がアップする。**

## ピーク・エンドの法則-5《セルフケアに役立てる》

セルフケアという言葉を知っていますか？　セルフケアとは、心の健康の自己管理を指して言います。体の健康であれば、栄養を十分に摂り、肉体的な疲れを取ることが大切です。では、心の健康についてはどうでしょうか？　その都度ストレスを和らげることや、精神的な疲れを取ることは、体の健康と同じように重要なことです。セルフケアの方法は色々ありますが、本書では入浴の効果をお勧めしたいと思います。ただの入浴ではありません。ピーク・エンドの法則を使った、特別な入浴方法を紹介します。

ところであなたはお風呂に入るとき、湯船には漬かっていますか？　温かいお湯に肩まで漬かると、一瞬心のギアがニュートラルになりますよね。私は毎晩、湯船に漬かりながら、今日あったよいことを回想するようにしています。すると、気持ちのよさも相まってよいことを振り返りやすくなってくるのです。よい印象を振り返ると、よい印象のピークが思い起こされてきます。そうして現在の、湯船の中での気持ちよい感じがエンドとして結びついてきます。ピーク・エンドの法則では、ピークとエンドの印象以外は、全体象を判断する際にはまったく使われません。ということは、多少嫌なことがあった日だとしても、よい印象のピーク・エンドを思い浮かべることができれば、小さいことは気にならなくなってくるのです。

なかなか思うようにいかないとき、だれでも「元気が湧いてこない」「何をやってもダメな気がする」という気持ちになることがあります。はたから見れば、「小さなことを気にしている」と映っている状態です。小さなことが気になってしまうということは、ピークとエンドが作られていないことになります。精神的に張りつめてしまっていると、ピークの出来事よりも細かいことばかりが気になってくるのです。そこでどうしても小さなことが気になって先に進めないとき、気持ちをリセットすることが大切です。**リフレッシュではなくリセットです。私はリセットを「一度、頭の中を真っ白にする」と定義づけています。**私が日ごろ行うリセット方法は、「走る」ことです。1時間くらい、とにかく走る。私の場合、ランニングは得意ではないので、5キロも走るとヘトヘトになります。3キロくらいのところから、考え事をしながら走っていたのが、自分の身体と対話しながら走っている状態に変わってきます。走り終わってみると、小さいことが前よりも気にならなくなってくるから不思議です。

**★小さいことが気になるときは、リセットをしてみよう。たとえば、走ることで。**

# ゲインロス効果＋ピーク・エンドの法則

日常の生活において、「印象で失敗したくない」「コミュニケーションで自信をつけたい」と考えたとき、第一印象という言葉が重くのしかかってきます。ここでもう一度、「印象」について整理しましょう。

《印象について》

・印象は、見た目以外にも、「きっとこんな感じの人だろう」という先入観も影響する

・合わせ鏡のように、お互いの印象は相手にも影響し合うものである

《メラビアンの法則》

・第一印象との関係はない。文字情報に比べ、視覚・聴覚からの情報に左右されやすい

・第一印象がすべてではない。第二の印象、都度の印象が大半を占めている

《ゲインロス効果》

・印象は上書きされるものである

・人の魅力・信頼は、ギャップを感じることによって引き立ってくるものである

《ピーク・エンドの法則》

・連続した出来事をもとに印象が作られる。ピークとエンドの感じ方によって判断される

・よいエンドを感じると、よい出来事のピークが想起されやすくなる

印象と一口に言っても、自分の印象・相手の印象、そして職場での印象や物事に対しての感じ方など、出来事から関連づけられる印象もあります。しかし共通していることがあります。それは、印象は感情や感じ方によって左右されるというものです。物事の捉え方は人によってバラバラです。それは、一人ひとりの感じ方に違いがあることを表しています。だからこそ、〝印象をよくしよう〟と考えたとき、**「自分ではどう感じているか」「そして相手にどう感じてもらうのか」**という、２つの視点に分けてみる必要があるのです。

第一印象に縛られない生き方は、あなたの印象をより魅力的に変えるスタートになります。ギャップを感じさせること、さらにピークとエンドを意識して伝えることで、あなた自身の印象は、表面的ではなく深い魅力として表れていきます。ゲインロス効果、ピーク・エンドの法則など、印象発生の仕組みを知ること、そして知識を行動に落とし込んでいくことが大切です。

**★印象の感じ方は複雑である。しかし複雑であるからこそ、改善の方法もたくさん存在する。**

# ここ一番の商談を成功させる方法

私は研修講師兼営業マンとして商談に臨むことが多いのですが、初対面の場合は特に緊張します。というのも、研修講師としての力量や人柄といったものが重視されるので、商談での印象はとても大事なのです。ここ一番、実際に私がやったことのある人事総務担当者との商談を例に紹介します。

《Round.1》

企業担当者と初顔合わせの場面、いよいよ商談スタートです。まずは、第一印象です。私は年齢より若く見られることが多いので、第一印象は「あれ？　結構若い感じの講師だな」となると想定しています。するとここで、2つの方向が考えられます。

「①・若い→パワーがあってよい」

「②・若い→参加者より若手に見えるが大丈夫だろうか」

《Round.2》

担当者がどちらに受け取っているかは、このあとの商談からわかってきます。①であれば、研修の中身や受講生の話題に移り、②の場合は、過去の研修実績をさりげなく聞いてくるという具合になります。そこで、次の段階としてゲインロス効果を使います。「パワーがあってよい」のであれば、「パワーだけでなく経験も豊富だな」というギャップを感じていただけるような事例ベースでの話の組み立てをします。反対に、「大丈夫だろうか」という状態であれば、話す言葉の発音を力強くすることを意識します。すると、一見若く見える反面「裏打ちされた強さがある人だ」と、よい意味でのギャップに変わります。

《Ｒｏｕｎｄ．３》

ここまでで印象の上書きが完了しています。次にピーク・エンドの法則です。ピークは、先ほどの上書きの段階に用意します。**「ストレスはなくしたらダメ」のような、逆説的な切り口で説明する**ことで「これは発見！」と思えるような場面を作ります。

《Ｒｏｕｎｄ．４》

エンドを作ります。ここでは、Ｒｏｕｎｄ．２で感じたギャップを再度、前面に出してクロージングします。そうすることで、魅力・信頼につながるゲインロス効果が発揮された状態で、ピーク・エンドの法則で好印象を維持できるのです。

**★商談自体が1本のドラマである。ドラマであれば、ピーク・エンドの法則があてはまる。**

## 魅力的に映るギャップの作り方

魅力的な人とは、どんな人だと思いますか？　私は、大きく2つに分けることができると考えています。それは、男らしい・女らしいといった身体的特徴や、立ち居振る舞い・行動という「目で見て感じるもの」と、一生懸命さや生き方といった「心で感じるもの」になります。本書で目指したいのは後者、いわゆる「輝いて見える人」です。ではこの「輝いて見える人」とは、どのような人を指しているのでしょうか？　それは、〝生き生きと活動している人〟や、〝好きなこと、興味のあることで自己実現できている人〟など、自分から見ると〝憧れる〟〝うらやましい〟と思えるような人であるということです。ということは、**あなたが魅力的に思われるためにも、〝憧れる〟〝うらやましい〟というキーワードが重要**なのです。

あなたがもし営業マンであったなら、お客様があなたに憧れるのはどういう理由が考えられますか？　私が実際にやっていたことを紹介します。それは、お客様にとっての理想の社員や理想の息子・娘をイメージする方法です。玄関先に立つお客様の例を2つ。

- 40歳代のご主人だったら……

「あぁ、うちの社員も（部下も）君みたいだと、すばらしいよな」

・50歳代の奥様だったら……

「うちの息子・娘も、こんな感じに頑張っているのかな」

お客様にもしこのように感じていただいたとしたら、あなたは輝いて見える状態になっています。こうした印象も、ギャップを用いることでより強く感じてもらうことができるのです。

営業マン当時、私はまず、自分がお客様からどう思われているかを考えました。きっと、訪問販売の営業マン＝売りつけられそう、話がうまいから注意しないと、と思われているに違いない（21ページ参照）。玄関が開いた時点で、すでに第一印象が決まっているだろうと考えました。そこで、〝**あえて笑顔ではなく真剣に話す**〟ことにしました。すると、お客様の中に意外性のギャップが生じます。意外性のギャップはゲインロス効果を生み、私に魅力を感じていただけるチャンスができるのです。真剣に話している姿は、営業マンである前に一人の社会人としてお客様の目に映ります。ご主人には社員像が、奥様には息子・娘の姿が重なってきたとき、営業マンから魅力的な社会人へと印象が上書きされていったのです。

**★笑顔ではなく、真剣な顔もまた魅力へと変化する。**

## 信頼感が増すギャップの作り方

信頼という漢字は、〝信じて頼りにする〟と書きます。信じて頼りにしてもよいかどうかは、別な言い方をすれば、〝嘘をついたり、だましたりしない人〟であるかどうかということです。初対面では相手のことがよくわかりません。したがって、会ってすぐに信頼ができる場合は、ブランド品など、それとわかる商標がある場合に限ります。あなたがブランドイメージの高い会社にいるのなら、それも商標の一つといえるでしょう。ただし人間関係においては、信用はできても信頼されるためには、商標だけでは十分ではありません。コミュニケーションをとおして信頼を構築することが重要です。そのために大切なポイントは２つあります。それは「約束を守る」ことと「飾らない」ことです。なかでも「飾らない」ことこそ、あなた自身の魅力と信頼を相手に感じさせる要素になります。

コンサルティングの仕事をしているとき、お客様から質問を受けることがあります。専門外のことであった場合などは、正確な答えに自信がもてないケースも出てきます。そんなときには、ちょっとした葛藤があります。それは、「わからない」と正直に言おうか？　それとも「悟られないように」回答を避けようか？　というものです。当然のことながら正直に言うべきですが、コンサルタントという立場を〝何でも知っていなければならない〟や〝教える立場なのだから〟などと考えてしまっていると、「わからない」という言葉に抵抗を感じてしまうのです。実はこうした考えで仕事をしているうちは、お客様から信頼を寄せられるコンサルタントにはなれません。**「悟られないように」と考えた時点で、信頼に足る人物には映っていない**ものです。

お客様の視点からコンサルタントを見た場合は、「何でも知っている人なのだろう」というイメージをもたれている場合が多いものです。そしてここにギャップを作りゲインロス効果を発揮させるポイントがあるのです。つまり、「お客様から見たコンサルタントのイメージ」→「しっかりした人・自分からは遠い存在の人」というものが、第一印象に相当します。その第一印象に対し、ギャップを作ることができればよいのです。私が意識していたギャップは、「親近感」を感じてもらうことでした。話の合間に出る雑談、わからないことを隠さないといった姿勢を大事にしていました。そうしていくとお客様の中に、よい意味でのギャップが生まれてきます。このギャップこそ、ゲインロス効果で信頼感へと上書きされていくものになります。

## ★格好よい人がすべて信頼されるとは限らない。

## 世代間ギャップを乗り切ろう！

「最近の若者は……」というセリフ、今から二千年前に古代ギリシャの哲学者プラトンが著した書物『国家』にも登場していたり、四千年前のエジプトの遺跡からもそうした一文が見つかったりと、とにかくはるか昔から言われている言葉です。つまりは、いつの時代でも世代間ギャップはあったのだということです。世代間のギャップも印象のギャップにつながります。したがって、あなたがもし20代であれば、世代を越えた階層に対してチャンスがあります。たとえば、50代の社長さんが20代のあなたと、初対面で会う場面を想像してみてください。あなたに会う前の段階、社長さんが抱くあなたの印象は、「最近の若者」という枠に納められてしまっている可能性があります。そこであなたが初対面の中で、話し方などを一工夫すると、「最近の若者の割には」というよい意味でのギャップが生まれます。実際のあなたが最近の若者っぽくないのだとしたら、このギャップは簡単に感じてもらうことができるでしょう。

では反対の立場であった場合は、どのようにすべきでしょうか？　先ほどの例で、今度はあなたが50代の社長さんの立場であったなら、取るべき方法は2つあります。**一つ目は、自分の世代の見られ方を知っておく**ということです。つまり、自分たちの世代は20代の人からどのような印象をもたれているかを知っておくことで、今度はあなたがギャップを作り出すことができるようになります。あなたが今、50代の人に感じたイメージを思い返すことが近道です。2つ目は、**相手よりも先に先入観をなくしておく**ということです。思い込みがあると正しく相手を見ることができないばかりか、あなたの表情も決して好感のもてる表情にはなりにくいからです。

こうした世代間ギャップの考え方は、「○○というグループは、きっと△△だろう」というステレオタイプに起因しています。したがって年齢的な違いだけでなく、男女、役職などの違いからでも同じような図式が成り立ちます。人はほとんどの場合、あらかじめ思い描くイメージと現実を照らし合わせながら判断を繰り返していきます。したがって人間関係ではギャップはつきものなのです。つまり、もともとギャップを感じている者同士である以上、その感じ方の違いを理解しておくことが重要です。ギャップを理解し活用していく視点をもつことで、ゲインロス効果を発揮させていくこともできるようになります。

**★世代間ギャップが感じられるならば、ゲインロス効果を発揮できる下地ができている。**

## 印象上書き法　5つのケーススタディ

印象を上書きするために重要なことが2つあります。それは、「現状の把握」と「的を絞る」ことです。キーワードにすると難しく聞こえてしまいますが、要は「いま、あなたはどう思われているのか?」を把握すること。そのうえで、「自分はどのように見られたいのか?」を決めることが大切なのです。コミュニケーション力をつけよう、人間関係をよくしていこうと考えるのは、目標としては大きすぎます。〝なんとなく印象が悪いと感じる〟や〝とにかくよい印象になりたい〟では、印象の上書きはできないのです。印象の上書きを効果的に行うためには、相手にギャップを感じてもらわなければなりません。ギャップは、以前に感じていた印象といま感じた印象との差から生まれます。したがって現状の把握と的を絞るという考え方は、ギャップを作り出すためには不可欠なのです。

本書では、印象上書き法を5つ紹介します。5つのケースには、共通したルールがあります。それは、**上書きする（新しい）印象は、それまで感じられていた印象に対して正反対のものにしてはいけない**ということです。正反対のものとは、たとえば（暗い→明るい）（厳しい→優しい）のような印象のことです。正反対の印象を受けると、上書きではなく混乱してしまい、相手はあなたのことが理解できなくなってしまいます。したがって上書きしようとする印象は、角度を変えてみせることが重要です。先ほどの例でも、暗い→思慮深い／責任感がある……など、受け取り手の感じ方によって変わる部分があるのです。5つのケーススタディでは、いつも損してしまう印象や失敗して受け取られてしまった印象など、日常の場面に落とし込んで紹介します。

ゲインロス効果を使うと、あなたの印象が以前とは違ったと感じられたときに、そのギャップによって魅力が引き立ってくることで印象の上書きがなされます。また、ピーク・エンドの法則では、あなたの行動をストーリーに見立て、目標とする印象に近づけていくことができます。したがって、あなたの改善したい印象がケーススタディに含まれていなくても、応用できるエッセンスが必ずあります。

**★漠然とではなく、的を絞ることが印象の上書きには重要である。**

## 印象上書きケーススタディ1（おとなしい→聞き上手）

### 《性格から受ける印象を上書きしたい》

改善したい印象の話題になると、「おとなしい」がしばしば登場します。果たして「おとなしい」は、悪いことなのでしょうか？　私は、決して悪いことではないと考えています。とはいうものの、おとなしい印象を変えていきたい気持ちもわかります。では、もし上書きをするとしたらどのようにすればよいでしょう？

◆的を絞ります。まず「おとなしい」に類似した言葉を探しましょう。その言葉が、上書きしたい印象になります。表題にある「聞き上手」のほかにも、「クール」「謙虚」「器が大きい」など、いろいろ見つけられます。ここでは、「聞き上手」を選んだとします。

◆「聞き上手」な人について掘り下げてみます。聞き上手な人がやっている仕草には、次のような特徴があります。それは、「正面を向いて聞いている」「うなずく」「あいづちを打つ」「復唱している」など、相手が話しやすくなるような仕草であったり、一言であったりします。

◆ゲインロス効果を発揮させるタイミングを決めます。それぞれの印象には、効果的なタイミングがあります。聞き上手は、1対1のタイミングがベスト。コンパを例にしてみた場合、みんなが盛り上がっていても焦る必要はありません。なぜなら、にぎやかさを印象づけるのなら1対複数ですが、聞き上手は1対3までの人数が適しているからです。

◆聞き上手な人の仕草を意識します。あまり欲張らずに「うなずき」と「復唱」の2つに絞ることをお勧めします。沢山の方法を意識してしまうと、いわゆるテクニックに走ってしまう格好になってしまい、ぎこちなく映ってしまうからです。

《会話の場面》

相手　「……っていうことでさ、電車乗り過ごしちゃったんだよね」

あなた　「あ、乗り過ごしちゃったんだ」（うなずき＋復唱）

相手　「そうそう、だってさぁ……」

**うなずきと復唱は、会話の中ではちょうど合いの手のようなもので、会話を前に進ませる効果があります。**会話が進むということは、話している側からすると「話しやすかった」という気持ちになります。そうした気持ちを抱かせてくれたあなたの印象は「聞き上手な人」になります。「初めはおとなしい人っていう印象だったけど、実はけっこう聞き上手だったりするんだよね」。こうなると、ゲインロス効果によって印象がプラスに上書きされた状態といえます。

**★聞き上手に上書きするならば、必要なのはセリフではなくタイミングと仕草だ。**

# 印象上書きケーススタディ2（怖そう→優しい）

**《見た目の印象を上書きしたい》**

「怖そうな人と思われても……どうしようもないじゃないか」と、思うなかれ。見た目から受ける印象ほど、変わりやすいものはないのです。したがって、上書きすることも決して難しいことではありません。見た目以外から受ける印象の場合は、怖そうではなく、〝話しかけづらい〟〝気難しそう〟になります。「気難しそう」は次の項目で説明するとして、ここでは主に「怖そう」について紹介します。

◆的を絞ります。的を絞る際、類似する印象を選ぶのが鉄則です。**しかし例外もあります。それは見た目から受けている印象の場合です。見た目から受けている印象は、正反対でも上書きができます。**したがって、「怖そう」には、あえて「優しい」を選んでみましょう。

◆「優しい」人について掘り下げます。優しさは大きく3つの種類に分けることができます。

それは、〝親切〟〝気遣い〟〝特別〟です。

- 親切　……　電車で席を譲る／困っている人を助ける／仕事でフォローしてくれた
- 気遣い　……　レディーファースト／皆に声を掛ける様子／さりげない心遣い
- 特別　……　家まで送ってくれた／わがままを聞いてくれた／相談に乗ってくれた

この3種類はバランスが大事です。偏りがある優しさでは好感をもたれません。

◆タイミングを決めます。この場合は、1対多数がベスト。3種類の優しさのうち「特別」は、主に1対1なので、初めのステップは「親切」「気遣い」からがよいでしょう。

◆「優しさ」は、人に見せるためにするものではありません。したがって逆説的ではありますが、「親切」「気遣い」は自然に振る舞えることが一番です。気持ちが伴っていない行動は長続きしないばかりか、上書きしても意味を成しません。

見た目から受けた「怖そう」という印象は、典型的な第一印象です。見た目から決まった印象ほど、ギャップを感じたときに上書きされやすいものです。また、ゲインロス効果を大きくするキーワードは「意外性」です。人は相手に対して、意外性のギャップを感じると気持ちが揺れ動きます。そこに魅力が引き立つきっかけが生まれるのです。「怖そう→優しい」は、もっとも意外性を感じさせる取り合わせだといえます。

**★見た目から受けた第一印象は、正反対の印象でも上書きできる。**

## 印象上書きケーススタディ3（気難しそう→できる人）

《あいまいな印象を上書きしたい》

「気難しそうに見られる」と言われても、その原因がわからないという方も多いと思います。「気難しそう」は、具体的に「〇〇だから」というのではなく、「なんとなくそう見える」といった第一印象であることがほとんどなのです。「気難しそう」のように、何をどう治したらよいかイメージしにくい場合は、治したい印象を具体的にするステップを挟む必要があります。

◆「気難しそう」の課題とすべき部分を明確にします。「気難しそう」な人とは、どのような人でしょうか？　類似の表現を探して考えてみます。「気難しそう」＝話しかけづらい／こだわりが強そう……など、「気軽に話しかけにくい」様子がうかがえます。話しかけにくい人の特徴は、「いつも眉根を寄せている」「独り言が多い」など、自分では気づかない部分も影響しています。

◆次は上書きする印象を決めます。まずは的を絞ります。類似した表現のうち「こだわりが強そう」を選んでみます。ただし、「こだわりが強そう」では、あまりよい印象とはいえませんので、もう一段階言い換えて「プロ意識が高そう」とします。

◆タイミングを決めます。変化を起こすためには、会話によるコミュニケーションが有効です。ただし「話しかけにくい」印象が強いはずなので、話しかけやすいタイミングを作ることが必要です。1対1の場面でタイミングを作ります。

**◆相手が話しかけやすいタイミングを作るために、自分に「スキ」を作ります**（37ページ参照）。

演劇・演出の世界では、「見せ方のスキル」というものがあります。イギリスの映画俳優C．チャップリンやMr．ビーンのローワン・アトキンソンにあるような、セリフに頼らない見せ方・感じさせ方のスキルです。大きく伸びをしてみる、机上に話題になりそうなグッズを置いてみるといったことも、その方法の一つです。といっても、一番よいのはこちらから話しかけてみることです。話題は何でもかまわないですが、腕を前で組んだり、後ろ手に回したりは避けましょう。威圧的な雰囲気が強調されてしまいます。

会話をすることだけでギャップが生じやすいのが「気難しそう＝話しかけにくい」人の特徴です。会話を通して相手が、「普通に話せた」と感じたとき、従前の「気難しい」印象とのギャップによってゲインロス効果が生まれます。そこに仕事に関係した話題を挟み込むだけで、こだわりが強そうに感じたのが「仕事ができそう」な印象に変わってくるのです。

**★話しかけにくい印象の場合は、話ができた時点でゲインロス効果が表れてくる。**

# 印象上書きケーススタディ４（仕事ができない→教えたくなる）

**《事実関係が起因する印象を上書きしたい》**

多くの場合、思い込みの原因は相手と自分の両方にあります。「仕事ができないと思われている」と思っている段階で、あなたは自分だけの間違った思い込みにとらわれている可能性もあります。また、こうしたケースの場合、自分の印象を変えるだけでは解決できません。そこで本項では、相手からよい評価を得るための環境を作る視点に立ち、ピーク・エンドの法則を用いて全体印象を変えていく方法を紹介します。

◆日ごろあなたが関係する出来事には、どんなことがありますか？　営業の仕事／月次の資料作成・事務／イベント・催事の手配・運営などあると思いますが、その中でピーク・エンドを作る出来事を一つに絞ります。ここでは、営業の仕事に絞ってみます。

◆的を絞ります。「仕事ができない」という印象は、見た目ではなく何らかの事実に影響されているはずなので、上書きしたい印象は正反対の「仕事ができる」では無理。むしろあなたの仕事ぶりを評価してもらう下地を作るための印象にすべきです。そこで「教えたくなる」へ上書きします。

◆次にピークを作る場面を決めます。**「教えたくなる」人は素直さがあったり、元気がよかっ**

**たりという人**です。そうした印象を与えやすいタイミングがピークを作る場面になります。たとえば「行ってきます！」の言葉を元気よく口に出せる外出時が当てはまります。

◆エンドを作る場面は、営業所へ戻った帰社時、終業後の退社時にします。

心掛けたい姿勢は「素直さ・元気のよさ」です。ピークとエンドがそうした印象で結ばれると、ピーク・エンドの法則から「素直さ・元気のよさ」が全体印象として引き立ってきます。すると、途中で〝もう少し頑張ってほしいのだが……〟という感想を抱かれたとしても、それがあなたの印象を評価する基準にはなりません。注意すべきは、叱責を受けたときです。ここで派手にやり合ってしまうと、悪いピークで固定されてしまいます。つまり、あなたの受け止める姿勢が大切になってきます。

するとと上司の中で起こってくる感情は、「もう少し頑張ってほしい」＋「素直さ・元気のよさ」＝「教えたくなる・助けたくなる」なのです。ここまでくると、あなたは「教えたくなる」人だという印象を獲得しています。「仕事ができない」という印象は、少なくとも「頑張ってほしいから、教えてあげたくなる人」という印象に上書きされていくのです。

**★事実・結果に起因した印象は、ピーク・エンドの法則で解決できる。**

# 印象上書きケーススタディ５（自信なさそう→責任感がある）

《原因は自分にあると思われる印象を上書きしたい》

この印象は、今までのケースと異なります。それは、周りが感じているというよりも、あなた自身が自分に対して感じている印象であるところです。「自信なさそうに思われている」とあなたが感じている場合、その理由は2つ考えられます。それは、「自分に対して自信が湧いてこない」または「慎重に考えてしまう傾向がある」のどちらかです。自分で感じているこうした気持が発言や行動に表れた結果、「この人は自信がないのかな？」と周りが感じてしまうのです。そこで、ここでは自分の心に対して上書きを試みる方法を紹介します。

《自分に対して自信が湧いてこない場合》と《慎重に考えてしまう傾向がある場合》

前者は、自分以外の人を高く評価しすぎていて、逆に自分の評価を低く見てしまっている状態です。セルフイメージ（自分に対しての印象）を高めることが必要です。

後者は、他人に迷惑をかけてしまうことを気にしすぎてしまう。また、自分の選択に自信がもてない場合があてはまります。いずれの場合も、**何らかの理由があって主張するのをためらってしまっていたり、決断ができずにいたりする状態が共通しています。**そこで、的を絞る際には共通したキーワードに置き換える必要があります。

◆的を絞ります。「自信なさそう」を別の視点で置き換えることができないかを考えます。考え方としては、3段階に言い換えていくとわかりやすいです。たとえば、「自信なさそう」

↓「慎重になる傾向がある」↓「ある意味、責任感が強いかも」と言い換えてみます。

◆タイミングを決めます。お勧めのタイミングは、「仕事に行き詰まっていないとき」です。なぜなら、仕事に行き詰まっているときは、自分の力不足を感じやすいときでもあります。その状況では印象を置き換えて考えることが難しいからです。

「間違えないようにしたい」という自分の行動には、「慎重さがある」という別の意味をもたせることができます。いかがですか？　そうした置き換えを行うと「確かに責任感ともいえるかも」と思うことができたでしょうか？　思うことができた場合、すでにゲインロス効果が自分に対して働いています。また、「そうは思えないなぁ」という人は、現段階ではセルフイメージを高めることを優先しましょう。セルフイメージの高め方については、本書コラム（ココロの準備体操②）に紹介してあります。セルフイメージが高くなると、考え方の置き換えも自然にできるようになります。

**★別の視点に置き換えることで「気づき」があれば、自分に対してもゲインロス効果が働く。**

ココロの
準備体操
③

# ラレカタ名人になろう！

　ビジネス書のコーナーを見てみると、「話しかけ方」「ほめ方」の本がたくさん並んでいます。これらのことに、それだけ難しさを感じている人も多いのだと思います。難しさを感じてしまうのは、どうしてでしょうか？　きっと、「話しかけにくい人」や「ほめても喜んでくれない人」が近くにいるからかもしれないですね。これらの本を買って読んでいる人が、もしもあなたの上司だったとしたら……。

　逆の視点で考えてみませんか？

　あなたが「話しかけやすい人」「ほめたくなるような人」になれたら、ハッピーだと思いませんか？　「……ほめられるようなよい事をすればいいの？」いいえ違います。「ラレカタの名人」になるのです。

・話しかけにくいオーラを出すのではなく
・ほめラレたら、「ありがとう」と素直に言う

　たったこれだけ。つまり、「ほめラレカタ」「話かけラレカタ」の「ラレカタ」を、自分なりの行動にするのです。これだけで、あなたは〝もっと～したくなる人〟に変わっていくことでしょう。さあ、今から「ラレカタ名人」を目指しましょう！

Do not depend on the first impression!

第4章

# ゲインロス&ピーク・エンドギャップの名士に教わろう！

印象は、あなた自身だけのものではありません。相手の印象、身の回りの出来事、やらなければいけない仕事、すべてに印象があります。印象は変わりやすいものであり、上書きも可能である一方、その変化にあなた自身が振り回されてしまう可能性もあるのです。
本章では、「印象に振り回されない生き方」をお伝えします。ジャンルを飛び越えた12人の名士から、印象の変化を武器に、そして味方につけるヒントを紹介していきます。

## Vol.01【ヒーローの条件】を教わろう！（ミノワマン）

ミノワマン（本名　美濃輪育久）、〝リアルプロレスラー〟として2009年スーパーハルクトーナメント王者、いま最もカリスマ性のある格闘家の一人と言われています。そんな超人ミノワマンから「ヒーローの条件」を教わりましょう。

ミノワマンのルーツは、父親の影響で観戦したプロレスにあります。小学4年生のときには、すでにプロレスラーを目指していたとのこと。当時のプロレス界は、アントニオ猪木・ジャイアント馬場、そして初代タイガーマスクがファンを魅了していた時代でした。実はミノワマンの原点であるプロレスにこそ「ヒーローの条件」があったのです。

私も小学生のころ、アントニオ猪木に憧れていたプロレス少年でした。今でも入場曲「炎のファイター」を聞くと、血が湧き立ってくるから不思議です。相手の技を受けて倒れても、何度倒れても起き上がる。そして最後に勝つ。それは相手のよさも引き出してから勝つ、皆のヒーローの姿でした。テレビアニメでは〝明日のジョー（矢吹丈）〟も人気がありました。「立つんだ、ジョー！」というセコンド（丹下段平）の声に、何度も立ち上がる矢吹丈……。私は、そこにもまた、アントニオ猪木と同じ、ヒーローを重ね合わせていました。

今は総合格闘技の全盛時代。〝秒殺〟という言葉にもあるように、いかにして無傷で勝つかということに強さの図式があるようです。しかし、それはヒーローの図式ではありません。2003年12月、ミノワマンが総合格闘技のリングへ上がりました。自らを〝リアルプロレスラー〟と名乗り登場した彼は、総合格闘技の世界にヒーローを登場させる使命を帯びていたように思えてなりません。

**強いとされる人が自分の弱みを見せずに強さをそのまま出している場合、周りの評価は減点方式になっていきます。そして自分自身の評価もまた減点方式になります。**つまり、「あのときの〇〇はダメだった」「減点された評価は取り戻せない」と思い込んでしまうのです。このように相手も自分も、同じような評価目線になると、次第に「強さの印象に縛られてしまう状態」となってしまうのです。

**「ヒーローの条件」とは、「波を作り出せること」です。**ピーク・エンドを作り出せる人が、仕事においてもヒーローの条件を備えています。失敗と成功のギャップを活かせる人、失敗してもそこから立ち上がれる人こそ、〝リアル社会人〟であるといえるでしょう。

**★無傷のヒーローは存在しない。ヒーローになりたければ、そこから立ち上がれ！**

## Vol.02【魅せる】ことを覚えよう！（でんじろう先生）

でんじろう先生（本名　米村傳治郎）にかかると、ある感情が湧いてきます。それは興味であり好奇心です。現在テレビや各地での実験教室で活躍されているサイエンスプロデューサー、でんじろう先生に印象の見せ方、つまり「魅せる」ことの意味と方法について教わりましょう。

高校時代は理科が嫌いだったという「でんじろう先生」。そのときの気持ちが「科学の楽しさを伝えたいという気持ち」につながっているそうです。科学は専門用語と複雑な公式や記号に囲まれていて、近寄りがたい印象を受けている方も多いと思います。食わず嫌いという言葉があるように、食べてもいないうちから見た目や印象で遠ざけてしまっていてはもったいないことです。人の印象だけでなく、学問やモノであっても印象に左右されてしまうとしたら、でんじろう先生には印象を上書きできる秘密があるはず。それが相手に気持ちを「魅せる」ということなのです。

でんじろう先生の実験には特長があります。それは、「面白い・ダイナミック・自分でもできそうだ」というものです。そしてもうひとつ大きな特長、それはリラックスできる状態＝つまり「心理的な壁」が感じられないということです。私もセミナー講師として、でんじろう先生に倣っていることがあります。それは、「専門用語を使う自分に酔わない」「できそうだと感じてもらおう」「受講生に伝えようという気持ちを純粋にもとう」という3つです。

**お客様との会話では、私たちは「自分目線」に陥りやすいものです。**もしあなたが「うまく話せるだろうか？」「できる人と思われたいな」と思っていたとしたら、自分VS相手という「対立の構図」ができあがっている証拠です。こうした構図では、初めについた印象から抜け出すことはできません。なぜならば、「心理的な壁」を自分で作ってしまっているからです。

「ある程度まで聞いてもらえたら、もっと関心をもってくれるはずなんだけど……」「必要性が高いはずなのに、もったいないよ」。

「心理的な壁」に対するこれらの〝もどかしい気持ち〟こそ、でんじろう先生が独立された動機になったことだそうです。

本気で伝えたいものがあるのなら、「伝えたいと思う気持ち」を大切にしましょう。そして「もしも自分だったら、どういう感じに話してもらいたいのかを意識すること」が、自分目線から脱却し、あなたの気持ちを「魅せる」ことにつながります。

**★心理的な壁をなくすのは、あなたの伝えたいという気持ちにかかっている。**

## Vol.03【Yes, We can!】に隠された秘密を伝えよう！（オバマ大統領）

バラク・フセイン・オバマ・ジュニア。アメリカ合衆国第44代大統領であり、アフリカ系アメリカ人初の大統領です。なかでも大統領選では、何万人もの人への演説が印象的であり思い出されます。演説やスピーチなどでは、聞き手の人数が増えれば増えるほど、話し手の印象や話の受け取り方も違います。そこで、心理学を取り入れた「相手に届く話し方」を、大統領選に勝利したオバマ大統領から教わりましょう。

会話やスピーチの場面で活かされる心理学理論に「ＶＡＫ理論」というものがあります。ＶＡＫとは、Ｖ：Visual（視覚）／Ａ：Auditory（聴覚）／Ｋ：Kinesthetic（体感）の頭文字のこと。受け取り手によって、ＶＡＫそれぞれの優位性が違ってくるというもの。つまり、イメージ重視の人もいれば、論理性・理論重視の人もいるので、スピーチの際にはＶＡＫすべての要素を盛り込んでいくことが大切です。

オバマ大統領は演説の中で、ゆっくりとしたアイコンタクトを通して「信頼感という Visual」を伝え、数字とキーワードを用いて「具体性という Auditory」を聴衆に伝えています。そして、更にスローガンである〝Yes, We can.〟（そうだ、私たちにはできる）の大合唱を得て

「一体感というKinesthetic」を実現しました。一度のスピーチの中で、ＶＡＫすべての要素を**取り入れることで、多くの聴衆に対して「相手に届く話し方」を実現させたのです。**

演説というほどの大舞台でなくとも、日ごろのコミュニケーションや仕事場面の中で、ＶＡＫを用いるとよい場面はたくさんあります。私もセミナー講師としてマイクを持つときに、「受講者の方は、どういう人たちだろうか？」と気になることがあります。しかし考え続けても、一人一人の性格まではわかりません。気にしすぎてしまうと、受講者の印象に左右されてしまい、本来の自分が出せなくなってしまいます。そこで私は、大きな「網を掛けるような気持ち」でＶＡＫ理論を実践しています。網を掛けるというのは、個別の要素にとらわれず受講者全体を包括的に捉えるという意味です。つまり、ＶＡＫのすべての要素を入れた話し方をすることで、受講者それぞれの「好印象のツボ」を押さえることができるのです。

自分の印象よりも相手の印象が気になってしまうとき、細かいことは考えずに「網を掛けるように」全体を包んでしまいましょう。〝Yes, We can.〟（そうだ、私たちにはできる）、その気持ちが大事です。

**★気にすべきは相手の印象ではなく、Ｖ（Visual）Ａ（Auditory）Ｋ（Kinesthetic）を伝えることだ。**

# Vol.04【恋愛心理学】について聞いてみたい（ゆうこりん）

２０１０年11月9日、〝ゆうこりん〟こと、タレントの小倉優子さんが婚約を発表しました。お相手の男性は、ヘアメークアーティストの菊地勲氏。ＳＭＡＰや人気俳優を担当するイケメンスタイリストだとのこと。ＴＶの記者会見を聞いていたところ、その中で思わずメモを取ってしまった注目の発言があったのでした。「第一印象は、遊んでる人だなと思いました。でも、実際に付き合ってみて〝マジメで誠実〟だったことも……」。つまり、これはゲインロス効果そのものだったのです。ここではだれもが経験する恋愛について、心理学的な面から教わりましょう。

恋愛心理学という言葉をグーグルなどで検索すると、たくさん結果がヒットします。まるで心理学の一分野のようですが、恋愛心理学という専門用語は心理学にはありません。それでも〝恋〟にも〝愛〟にも、漢字の中には〝心〟が入っていますから、心理学を恋愛にも活用したいという考え方に、私は賛成です。

恋愛の中で第一印象に関係する言葉に「ひとめぼれ」があります。文字どおり一目でほれるということですが、なぜそうなるのかについては諸説あります。たとえば、「理想とするイメージがあってそのイメージが想起される見た目」や「昔好きになった人と似ている」などです。当然、相手のことを深く知っているわけではないので、ギャップの感じ方によってはマイナスに働くこともあります。しかし、「ひとめぼれ」から結婚に発展するケースが多いのはなぜでしょう？

そこにはもう一つの心理的作用があります。たとえば旅行に行ったとき、「よい旅行であってほしい」という気持ちが、また買い物でも「買ったからには後悔したくない」という気持ちが強く働くことはありませんか？

**人はある決断をしたときに肯定的な感情を維持したい気持ちが働きます。**それはひとめぼれについても一緒なのです。ひとめぼれした相手が「優しかった」というよりも先に「優しくあってほしい」と思うことで、歩み寄りの気持ちが起こります。この歩み寄りが大きければ、マイナスのゲインロス効果が起こりにくくなるのです。

〝ゆうこりん〟にとっては、プラスのゲインロス効果が働きました。「遊んでる人？」というマイナスの印象があったものの、「マジメで誠実」というよい印象を後から抱いていたからこそ、プラスのゲインロス効果が生まれたのでしょう。

**★2つの印象が混在しているとき、ゲインロス効果が起こり得る。**

## Vol.05 【ショートプログラム】で意識するピーク・エンドと心技体（浅田真央）

浅田真央さんといえば、日本を代表するフィギュアスケート選手の一人。選曲そしてジャンプの組み合わせなど、フィギュアスケートはまさにピーク・エンドを見せる競技だといえるでしょう。ショートプログラムの時間は2分50秒余り。限られた時間と制約の中で力を発揮するには、心技体のバランスが大切です。ここでは、スキルを身につけることとそれを活かすメンタル面について、心技体のあり方から教わりましょう。

ところで、技術的なことを学んだだけで、すぐに自分の印象がよくなるでしょうか？　答えは「否」です。フィギュアスケートでも同じことがいえます。「印象がよくなった」という結果は、相手の心に働きかけることによって起こり得ます。心に働きかけるためには、心が必要です。学んだ技をただ表出するだけでは十分ではありません。「心」が入ってこそ「技」が活きてきます。

**心技体における「心」には、2つの意味があります。それは平常心を保つという意味での「心」と、気持ちを込めるという意味の「心」です。**コミュニケーション場面では、前者がないと苦手意識や先入観にとらわれてしまうこともあります。また後者が十分でなければ、表面的な印象に終わってしまうでしょう。

「技」は、印象の上書きで見た場合、ゲインロス効果やピーク・エンドの法則を促す〝見せ方〟になります。そのために必要な知識や話し方を身につけると同時に、経験を重ねることも技術を高めるためには必要です。

「体」は体力であり、健康の意味。体調を崩してしまっていると、思うような印象でいられないばかりか、チャンスを逃してしまうこともあるでしょう。

こうした理由から、心技体は競技の世界だけでなく、あなたの印象をよくしていくためにも大切な考え方だといえます。

初対面・自己紹介・会話……。コミュニケーションのすべての場面を、「ショートプログラム」に置き換えて考えてみましょう。それぞれの場面ごとに、ピークとエンドを意識していくことに意味があります。スキルだけでなく、心が入ったコミュニケーションこそ、最大の武器になります。大好きな人と話すときに目がキラキラするのと一緒、心が入ると人は内側から輝いてきます。その輝きに勝る印象はありません。

**★すべての場面はショートプログラム。ピーク・エンドはハートで勝負。**

## Vol.06【個性と印象】のギョッとする話（さかなクン）

「ギョギョー」といえば、子どもから大人まで「さかなクン」を思い浮かべる人も多いと思います。最近ではクニマスの70年ぶりの発見や、農林水産省から「お魚大使」に任命されるなど、ニュースでも耳にする機会が増えました。高3のときにテレビ番組に出て以来、ハイテンションな話し方、そしてハコフグの帽子と個性的なキャラクターが受け、人気・知名度とも高くなった「さかなクン」。ここでは個性と印象の微妙な関係について「さかなクン」から教わりましょう。

「個性を大切に」という言葉を聞く割には、「個性的だねー」と言われてうれしい人が少ないのはなぜでしょうか？　それは個性的の裏に〝変わっている〟という意味合いがあるからだと思います。しかし、大泉洋さん、西村雅彦さん、温水洋一さんのように個性派俳優として活躍されている人も多く、一概に個性的が悪いわけではありません。個性的な人が、「よい、または悪い」に分かれるとしたら、その分岐点はどこにあるのでしょうか？　個性派俳優を例にとってみると、〝ほかの人と違う強い印象〟＋「演技力のうまさ＝実力」があります。個性派俳優の多くは、インパクトの大きい独特な印象を残しながらも、登場するあらゆるシーンに溶け込んでいます。もし演技力が不足していれば、その個性の強さゆえにシーン全体が動かされてしまうでしょう。またタレントでも、見た目の印象だけで生まれた人気は一時的なもの。長く活躍している人ほど、見た目だけではない実力があるものです。「さかなクン」の場合も、話し方・帽子といったものだけが個性だとしたら、現在のような活躍はなかったでしょう。そこには、個性派俳優と同様に〝ほかの人と違う強い印象〟＋「知識の豊かさ＝実力」があったからなのです。

もしもあなたが、「個性的な人ですね」と言われることがあるとしたら、どちらに見られているのでしょうか？　個性を活かす鍵は「実力」です。実力とは、知識や力ばかりではありません。**生き方・信念といった、あなたの軸となるものが感じられたときに、相手はあなたに対して力強さを感じます。**その力強さをもつことが、魅力的な個性へとあなたの印象を変えていきます。

**★見た目だけの個性では、「変な人」で終わってしまう。**

# Vol. 07 【音のチカラ】を味方につけよう!（すぎやまこういち）

〝すぎやまこういち〟という名前をご存じでしょうか？　名前を目で見てわからなくても、耳で聞くとわかる人も多いはず。ドラゴンクエストシリーズ全作品のＢＧＭを担当する日本で最も著名な作曲家の一人です。ＢＧＭがあるのとないのとでは、気持ちの盛り上がり方も違ってくるもの。それはゲームに限らず、運動会やドキュメンタリー番組、そしてレストランでのディナーなど、ＢＧＭによって雰囲気も作られていくものです。そうした「音のチカラ」について、コミュニケーション場面での活かし方を教わりましょう。

印象というと、どうしても目で見るイメージが強いもの。しかし、**耳から入る音によっても気持ちが動く場合が多いことを考えると、五感の一つひとつが印象を作り上げるパーツなのだといえます**。たとえば、非常ベルを聞くとドキドキしたり、川のせせらぎを聞くと落ち着いた気持ちになったりするのも、「印象を作り出す」音の効果です。またドラゴンクエストのＢＧＭを聞くと、町の風景や教会の場面が思い出されてくるように、音の効果には「思い出す」効果もあります。「懐メロを聞いたら、昔つき合っていた人を思い出した」というのも、音が記憶に働き掛けをした結果です。印象を作り出す五感の一つ、音。それを「音のチカラ」として味方につけることができたなら、コミュニケーションの強力な武器になります。

音を味方につける方法は、3つあります。

一つ目は「BGM」。その場に合わせた音楽を選ぶことが大切。音楽だけでなく、周りの音すべてがBGMです。お酒を飲みながら話すとき、居酒屋の雰囲気がよい場合もあれば、静かなラウンジがよいときもあります。

二つ目は「サイレント」。これは会話の場面での静けさ、いわば沈黙の時間をどう使うかです。ふとした沈黙が訪れたとき、あわてて話し出したり焦ったりしていませんか？　実はこうした間の取り方ひとつで、あなたの印象をぐっと深めることもできるのです。

三つ目は「ボイス」。つまりあなたの声です。声総研の統計によると、声に引かれると印象もアップするそうです。反面、自分の声に自信がないという人は8割近くいるそうです。ボイストレーニングを受けてみることで、自分の声に自信をもつことも方法の一つです。

聞こえてくる音、何もない音、自分が発する音……。そのすべてに注意を向けることで、音のチカラを味方につけましょう。

**★印象を作り上げるのは目だけではない、その一つが音のチカラだ。**

# Vol.08【反面教師】だから言えること（カラス）

印象を動物の世界に置き換えてみると、カラスの印象はずば抜けて悪いもの。同じ鳥類でも、鳩が平和の象徴である一方、カラスは死・不吉をイメージするほどの違いがあります。そこで反面教師として、カラスから学べることはないでしょうか？

カラスは熊野のカラス（八《や》咫《た》烏《がらす》）を除いて不吉な象徴として見られています。印象が決してよくない動物であっても、ミッキーマウスやクマのプーさんのように可愛らしくデフォルメされる例も多いなか、カラスにはキャラクターとしても受け入れられている様子がありません。では、なぜそこまで印象が悪くなってしまったのでしょう？　神話に基づく考え方もありますが、ここでは身近なカラスの生態から見てみましょう。見た目・行動・経験の側面から見ると、次のようになります。

- 色　黒色そのものに悪いイメージがある。→黒幕・黒星・ブラックリストなど。
- 行動　見かける場所が好ましくない。→墓場やゴミ捨て場など。
- 経験　鳴き声を聞くと寂しく思える。→夕方から夜にかけて鳴き声を聞く。

では、カラスによいところはないのでしょうか？　いいえ、あります。それは、自動車に木の実をひかせて割るといった知能の高さです。その知能の高さは、犬や猿にも匹敵するとまでいわれています。しかし、カラスの頭のよさを賞賛する声はあまり聞こえません。むしろ、頭のよさを「狡猾さ」と捉えられてしまう傾向にあるくらいです。よいところがあるのに……。残念ですよね。「よいところもあるんだけどなぁ……」と思われてしまうのは、カラスだけではありません。たとえば、人間に置き換えると次のようになります。

- ・見た目の印象　→服装や身だしなみ
- ・行動　→ネガティブな発言が目立つ
- ・経験　→話していると決まって面倒な言い合いになる

あなたの周りでもありませんか？　彼（彼女）が言うと、同じ言葉でも周りが悪く受け取ってしまったり、言うことに素直に従えなかったりということが。それらはすべて、従前の印象のよし悪しによって決まることが多いのです。日ごろ、ネガティブな発言や揚げ足取りばかりする印象の人と、この人みたいになりたいなぁと慕っている人とが、あなたにアドバイスをしたときを想像してみてください。たとえ同じアドバイスでも、受け取る印象はまったく違ってきます。それが、従前の印象がもつプラスにもマイナスにも影響する大きな力なのです。

**★従前の印象が負の連鎖を生むこともある。**

# Vol.09【もしもボックス】の正しい使い方（ドラえもん）

「もしも、○○な世界だったら……」というリクエストに応えて、その世界を見せてくれるドラえもんのひみつ道具といえば「もしもボックス」。その使い方次第では、あなたの印象を格段にアップさせることだってできるのです。もちろん、「もしも」の世界ではなく、現実の世界の中であなたを変える使い方があります。そこで「もしもボックス」の正しい使い方について、ドラえもんから教わりましょう。

「もしもボックス」は、そもそも未来ではどのように使われているのでしょうか？　ドラえもんの話によると、それは一種の実験装置として使われているのだそうです。仮想世界を体現できるということは、経済学や心理学などの分野での研究に有用でしょう。さらにコミュニケーションと心理学の関係が近いことを考えると、「もしもボックス」には心理学的に推奨すべき使い方があるようにも思えます。

その使い方を整理すると、大きく2つに大別されます。

- ○○がなかったら
- ○○があったなら

たとえば、前者であれば「苦手な○○部長がいなかったら」であり、後者では「苦手な○○部長とうまくやっていけたら」に分かれます。どちらも解決に違いはありませんが、あなた自身の成長には違いが発生します。こうした課題に対しての考え方を心理学では**「ソリューションフォーカスアプローチ」**といいます。

自分の印象をよくしていこうと考えたとき、「よくない部分を消してしまおう」とか「よく思ってくれない人は必要ない人」としてしまうと、自分の成長にブレーキがかかります。代わりに**「できるようになったとしたら、どうなるのだろう」と解決した一歩先をイメージすることができるようになると、いわゆる解決思考という考え方になっていきます。**「もしもボックス」は、解決思考トレーニングをするための道具なのかもしれません。

ちなみに、もしもボックスの代わりになるものであれば、だれにでも手に入れることができます。それは、「湯船」です。温かいお湯を張った湯船に入って、視線を右上に向けます（179ページ参照）。すると未来をイメージしやすくなってきます。そのタイミングで、「もしも」の世界を考えてみましょう。

**★もしも……。その言葉がソリューションフォーカスアプローチを可能にする。**

# Vol.10 【アイテム】を使いこなそう（マリオ&ルイージ）

世界中で最も人気のある兄弟といえば、マリオ&ルイージ。スーパーマリオブラザーズは、発売から26年経った現在でも世界中で愛されており、「世界一売れたゲーム」としてギネスブックに登録されているほどです。そんなスーパーマリオブラザーズの人気の秘密には、「アイテム」の存在も欠かせません。大きくなったり無敵になったり……。現実の世界でも、そんなアイテムがあればどんなによいでしょう。マリオ&ルイージに、アイテムの見つけ方と使い方を教わりましょう。

スーパーマリオブラザーズの代表的アイテムである「キノコ・スター・コインそして1UPキノコ」を使って、自分の印象をさらによくする方法を説明していきましょう。

（キノコ）→ チョコレート

マリオ&ルイージは、キノコを食べると一定時間大きくなります。一度ダメージを受けたくらいではゲームオーバーになりません（元の大きさに戻るだけです）。私たちの世界では、ストレスやイライラが敵キャラだとすれば、**気持ちを落ち着かせるアイテムは甘いものになります。なかでもチョコレートには鎮静効果もあるので、ストレスの緩和にはうってつけです。**

（スター）→　音楽

一定時間無敵になるのがスターの効果。私たちの世界では、いったん自分の世界に入ること、つまり外界情報のシャットアウトが近い効果を示します。辛いことでいっぱいになったら、イヤホンをかけてお気に入りの音楽をかけ、自分だけのスターに会いに行きましょう。

（コインそして1UPキノコ）→　お金とごほうび

コインが100枚貯まると、1UPキノコが出現します。私たちの世界でコインといえばお金。ときどき自分にごほうびが出せるように、少しずつ貯めていきましょう。いくら貯まったらごほうびと決めておくと、あなただけの1UPが得られるはずです。

《印象をよくするためのアイテムの使いどころ》
（キノコ）を使うとしたら、・嫌なことがつい顔に出てしまいそうなとき
（スター）を使うとしたら、・笑顔が作れなくなってしまったとき
（1UPキノコ）を使うとしたら・自分へのごほうびが必要になったとき

**★人生はいくつものステージが連続したゲームのようなもの。クリアの鍵はアイテムだ。**

## Vol.11【流されないこと】が大切である（はだかの王様）

むかしむかしあるところに、とても服の好きな王様がいました。ある日やってきた職人を名乗るペテン師に勧められるまま、服を作ってもらうことに。ペテン師は何も作ってはいないのに、あたかも布があるように捧げ持ち、愚か者には見えない布だと報告しました。王様も大臣も見えない布を「見える」と言ってしまい、王様は裸のままお祭りの行進へ……。この人物こそ、アンデルセン童話の悲（喜？）劇の主人公、はだかの王様です。このお話には、第一印象の落とし穴が隠されています。そこで体験者である「はだかの王様」からその落とし穴を教わりましょう。

・どこに問題があったのか？

王様に一つ、大臣にも一つ問題がありました。王様は「見栄」、大臣は「ことなかれ」。いずれも正しい見方を邪魔してしまいました。

・落とし穴はどこにあったのか？

偽の職人が作った布を見て、王様は「見えないと言うと愚か者に思われてしまう」と考え、その場の流れに乗ってしまった。そして大臣は、「見えないと王様に知られたら、愚か者として大臣の職を失うかもしれない」と思い、自分の考えを言い出せずにいた。ここに王様と大臣がはまってしまった、印象の落とし穴があります。こうした落とし穴は、私たちの身近なところにも隠れています。

本を読んだり、セミナーで勉強したり、アドバイスを受けたりと、あなたの周りには沢山の情報があふれています。そのどれもが、おおむね正しいことを言っています。しかし本書も含めて、そのすべてがあなたに合うかというと、これは別の話です。それぞれのアドバイスには、あなたとの相性があります。だからすべてを理解する必要はありません。

**「理解できないのは自分がいけないからだ」とか「理解できたことにしてしまおう」と、王様や大臣のような考えで済ませてしまうと、あなたも印象の落とし穴にはまってしまうことになります。「わからなくても大丈夫」「わからないものは聞けばよい」くらいの気持ちの余裕が必要です。**つい格好をつけてしまいたくなったら、「はだかの王様」を思い出してください。そして、自分の目でもう一度自分を見直してみることです。第一印象を気にしすぎてしまっているときなどは、自分が印象の落とし穴にはまってしまっているのではないかと疑う注意が必要です。

**★格好をつけて見せているあなたの印象は、まるで「はだかの王様」のようだ。**

## Vol.12【ガラスの靴】の落とし方（シンデレラ）

サクセスストーリーの代名詞とまでなったシンデレラ。彼女の何が王子様を魅了したのでしょうか？　王子様の視点から見ると、シンデレラとの出会いにはピーク・エンドの法則があったことがわかります。私たちの世界において「ガラスの靴」とは何にあたるのか？　手に入れる方法は？「ガラスの靴」に秘められた、サクセスストーリーのノウハウを、シンデレラから教わりましょう。

舞踏会に見られたピーク・エンド、それはエンドによって引き立っています。シンデレラに対して、「美しい人だ」という印象を王子様が抱くところまでは、ほかの多くの女性たちとシンデレラとの間に違いはなかったでしょう。しかし、**王子様を強く引きつけたのは、その別れ方、つまり去り際の印象です。この印象が「もっと話したいのに……」という感情を生み出すエンドになったのです。**あなたの周りで、去り際が格好よい人、また去り際で面倒に感じたりしてしまう人はいませんか？　お客様との商談などの営業場面でも、締めくくりの印象次第で次につながるかどうかが、縁の分かれ目だともいわれています。魔法が切れてしまうという偶然があったにせよ、シンデレラはその去り際の印象でほかの多くの女性たちとの差別化に成功していたのです。

「ガラスの靴」を私たちの世界に置き換えてみます。落とし主を探しまわるもののガラスの靴は伸縮しないので、ほかの人では合わなかった。つまりシンデレラでなければ合わなかった靴ということになります。あなたに置き換えてみた場合、ほかのだれにでもあるようなものではなく、「○○といえば、あなただね」と言えるものが、あなたを差別化する魔法の靴＝「ガラスの靴」なのです。

シンデレラの話では、魔法が解けてしまうと馬車はカボチャに、ドレスは汚れた服に戻ってしまいました。しかし戻らなかったものが一つだけありました。それが「ガラスの靴」。あなたを差別化する「魔法の靴」を手に入れるのは簡単ではありません。しかし苦労して得た印象だからこそ、魔法が解けても元に戻ってしまうことがない、本物のあなたの印象になるのです。

**★あなただけのガラスの靴を手にしたら、本物の印象も手に入る。**

ココロの
準備体操
④

# 人生はRPG

「HPが少なくなったら、宿屋へGO！」ゲームの話？いいえ、この世界のお話です。

この世界でも、ＨＰなどの自分のステータス確認はとても大切になります。なぜならば、確認できれば倒れる前に手当の手段を講じられるからです。そこで紹介したいのが、自分のステータスを数値化して可視化させる方法です。次のように「自分の元気」を数字に置き換えてみます。

1　元気の満点を決めます。15点くらいで設定します。

2　消耗するイベントを決めます。　例：通勤 －１点／仕事－３点／怒られた－３点／ etc

3　回復するイベントを決めます。　例：食事＋１点／寝る＋５点／映画鑑賞＋１点／ etc

4　朝起きたときの点数を決めたら、イベントに従い計算していきます。

たとえば、朝12点で目が覚めた→夜寝る時に5点だった。これでは一晩寝ても、翌朝10点にしかなりません。つまりこの場合は、昼間にいかに回復させるかが大事です。

※巻末に自分の一日を振り返るステータスチェックシートをを掲載しました。本書を読み終えたあとで、ぜひ利用してみてください。

Do not depend on the first impression!

# 第５章

# 取り戻した印象はキープせさよう！

印象は上書きすることができる。しかしそれは、「よい印象もまた上書きされてしまうリスクを秘めている」ということでもあるのです。せっかく取り戻した「よい印象」が「悪い印象」に上書きされないようにキープしていきましょう。本章では、よい印象をキープする方法を紹介します。そのために必要なこと、それは「与える印象のブレを少なくしていく」ということです。ブレない自分をプロデュースしていきましょう。

## 《職場》でキープする

感情の上がり下がりが最も起こりやすいのは、職場・仕事の場面でしょう。「うちの課長、さっきまでニコニコしていたと思ったら急に深刻な感じになって……」という具合に、何度となく印象が変わる人も職場にはいるものです。それは同時に、あなた自身も印象の変化に気をつけないといけないということでもあります。都度の感情に左右されてしまった結果、「印象がコロコロ変わる人」にならないように注意しなくてはいけません。

職場でキープする方法、それは「飲む」です。

飲み物はたくさんありますが、ここで意識していただきたいものは「唾」です。唾を飲むというと、あまりイメージがよくないかもしれませんが、唾そのものに意味があるわけではありません。唾を飲んだときにできる「間が大切」なのです。あなたが夢中になって話をしている場面を想像してみてください。話している途中で唾を飲むとします。唾を飲みながら話はできないので、そこに間が空きます。この**「間」が印象をキープするために必要**なのです。

その理由は、感情に押されないようにするためです。たとえば、注意されて〝つい言い返してしまった〟ときや、ほめられて〝余計なことまで言っちゃった……〟といった場面を経験したことはないでしょうか？　こうした状態が、感情に押されてしまった瞬間です。

コミュニケーションは、情報と感情のやり取りです。したがって、会話の場面などで感情に押されてしまうことはだれにでも起こり得ます。「あの一言で、失敗した」というとき、もし「一拍でも間を空けていたら……」と振り返ることがあると思います。一拍の間があれば、失敗を避けられたかもしれないのです。

加えて、間を空けること以外にも、「唾を飲む」ことにはもう一つの効果があります。それは表情です。わずかな動きですが、**人間は唾を飲むと顎が下がり口元も締まります。この動きが〝力強さ〟や〝誠実さ〟として、相手に伝わることがある**のです。

会話の中で〝怒られた・ほめられた〟という場面は、印象を上書きされるチャンスにもなり、またリスクにもなります。そうした場面に「唾を飲む」という行動を起こすことで、感情に押された状態から踏みとどまることができるのです。

**★感情に押し出された言葉には、NGに上書きしてしまうリスクが潜んでいる。**

## 《プライベート》でキープする

仕事のイライラがプライベートでも影響してしまうことがあるように、プライベートの過ごし方次第で、翌日の印象、つまり職場でのスタートアップが違ってきます。

プライベートでキープする方法、それは「ＯＦＦ」です。

ＯＦＦには「離れる」という意味があります。「今日は仕事がオフで」と使われるのもそのためです。プライベートで離れてほしいものは、仕事だけではありません。もうひとつ、離れてほしいものがあります。それは「愚痴」です。バーゲンで見かける〝50パーセントオフ〟と同じオフの使い方、つまり少なくするという意味でのＯＦＦです。プライベートでは、ネガティブな気持ちから離れて、愚痴も少なくするという行動が大切です。

人は、感情を引きずってしまいがちな生き物です。たとえば、嬉しいことがあったすぐあとに頼まれごとをしたとしましょう。きっと多くの人は「はい、いいですよー」と、頼まれごとを快諾するはずです。その後しばらくの間、はたから見ても〝なんだか感じいいよねー〟という印象になります。もちろん、逆の場合もあります。彼女とケンカした翌朝に〝あいつ、朝から怖い顔しているけど、なんかあったのかな〟などと噂されるというのも、引きずられた感情が印象として表れてきた例になります。

　愚痴を言うのは大切なことです。言わずにためこんでしまうと、自分の心に負荷をかけてしまいます。しかし言いすぎてしまわないように注意することも重要です。**愚痴は、聞いている人にネガティブな負荷を与えます。この負荷がたまると、あなたの印象がネガティブなものへと上書きされてしまいます。**「どうして自分の印象が悪いのか、よくわからない」という方の相談を受けていると、このケースに当てはまる場合が少なくありません。

　愚痴を言いすぎてはいけない理由は、もう一つあります。**あなたが言った愚痴は、相手だけでなく〝自分も聞いている〟**のです。自分で愚痴を言いながら、その愚痴を聞いてしまうあなた自身にも、ネガティブな感情としての負荷がかかっていきます。その負荷が大きかったとき、ネガティブな感情は引きずられて翌日に表れてしまいます。

　プライベートでストレスを発散することは重要です。ただし、まき散らすほどの発散はＮＧ。せめて50パーセントオフを目安にしましょう。そして残りの50パーセントは、ポジティブな過ごし方を意識することで発散しましょう。そうしたプライベートにできれば、翌日になってもあなたの印象はキープされるはずです。

**★ネガティブ50パーセントオフ、ポジティブ50パーセントアップが明日の自分を作り出す。**

## 《悪魔のささやき》でキープする

人はだれでも完璧ではありません。完璧でないから、よくなりたいという向上心が生まれます。よい印象を目指そうという姿勢も、そうした人の不完全さゆえの心理なのです。自分に完璧さを感じ始めると、向上心は薄らいでしまいます。あなたが、よい印象をキープしたいと思うのであれば、**常に不完全さを意識することが重要**です。そこで大切なのは、「悪魔のささやきが意識できる状態をキープすること」です。

私は、次のような心の声を「悪魔のささやき」と命名しています。「自分はよく頑張っている」「俺はずいぶん偉くなった」と感じた瞬間です。つまり頑張っている人に対して聞こえてくるのが悪魔のささやきです。また、悪魔のささやきが意識できないときは要注意です。なぜなら、「ささやきに耳を貸してしまったあと」かもしれないからです。〝天狗〟や〝有頂天〟と呼ばれる状態でも、同じことが言えるでしょう。だからこそ、耳を貸さずに意識ができている状態をキープできることが大事なのです。

よい結果を出せるように努力した結果、少しずつ評価も高くなってきた。それと同時に、あなたの印象もよくなってきたと仮定します。悪魔のささやきが聞こえてくるのは、この段階です。もし、そのささやきに耳を貸してしまったとしたら……。もとの印象に戻ってしまうか、〝生意気になった〟といった印象に上書きされてしまうでしょう。しかし悪魔のささやきは、自分が努力を続けている間は常に聞こえてきます。ではどうすればよいのでしょう？

実は、「悪魔のささやき」が聞こえている状態は、決して悪いことではありません。なぜなら、それは〝自分が頑張っている証拠〟だからです。したがって大切なのは、その状態をキープしていくことなのです。キープし続けるためには、ささやきに身を委ねないこと、つまり負けないことです。負けないためには、「謙虚」「真摯」という姿勢が必要になってきます。印象がよくなってくるということは、自信も高まってくることにつながります。「初心忘るべからず」のことわざにもあるように、「慣れてきた」「自信がついてきた」ときこそ、「謙虚」「真摯」を意識することが大切になってきます。

よい印象をキープし続けるには、努力と謙虚さを共存させなくてはなりません。努力する姿勢があれば、その証しとして悪魔のささやきが聞こえてきます。そのささやきを意識し続けることが、よい印象をキープし続けることにつながります。

**★悪魔のささやきが聞こえなくなったとき、あなたは誘惑に勝ったのではなく、負けている。**

## ７つの間違い探し（○と×の理由に気づく）

雑誌などでは、左右の絵にある違いを探す「間違いさがし」をよく見かけます。実はそこにも、あなたの印象をキープするためのヒントが隠されていたことを知っていましたか？

まず、あなた自身を2枚の絵に置き換えます。人間関係そして仕事がうまくいっているとき、何をやっても裏目に出てしまうとき、この2つをデジカメに撮ったデータのように並べます。とはいえ、プリントできるものではないので、目を閉じて頭に思い浮かべましょう。よいときと悪いとき、無意識にやっていることの中に「そういえば」という違いが見つかりませんか？よいときにやっていたことの中には、よい印象をキープさせる行動が必ず隠れています。

印象を作り上げる構成要素のうち、違いを見つけやすい項目は次の7つです。

**1. 机の上**　書類の置き方は？　付箋の数は？　パソコンのデスクトップ画面は？

**2. 話し方**　自分の表情は？　話題は？　口癖は？

**3. 聞き方**　ほかのことを考えながら聞いていないか？　姿勢は？

**4. 服装**　ラッキーアイテムがあるか？　身だしなみの違いは？

**5. 時間**　出社時間は？　すきま時間の使い方は？　会議・訪問などの約束時間は？

**6. 場所**　どこにいることが多いか？　ランチは？　訪問先は？

**7. 習慣**　リフレッシュは？　習慣にして決めていることができている？

項目ごとに、よいときと悪いときの2つのシーンを並べていくと、無意識にとっている行動の違いが見えてきます。なぜなら、**無意識とは意識した瞬間に見えてくるもの**だからです。「成功者のまねをしよう」「成功哲学から学ぼう」とセミナーに参加したり、本を読むこともよいですが、他人を見本にしてまねることは難しいものです。本人が置かれている環境や性格などが違うため、まったく同じ結果にはなりません。エッセンスを学んで活かすという姿勢をもたないと、逆に自分の無力さを感じてしまう結果を招くこともあります。たとえば輸血では、いちばん相性がよくて副作用が少ないのは自分の血液です。だからこそ、まねてみようとするならば「よかったときの自分をまねてみる」ことがいちばんです。そのためには、日ごろから無意識の行動に目を向けて、意識的に行動をする習慣をつけることが大切です。

「7つの間違い探し」を通して自分の印象を見直してみましょう。

**★無意識の違いは、意識した瞬間に見えてくる。7つの違いは、そこに隠れている。**

## 靴ひもとミサンガ（ジンクスを味方につける）

「ピンチはチャンス」と言われることがあります。この考え方は「捉え方の視点を変える」方法のことで、同じ出来事でも捉え方次第で行動、結果も変わってきます。さて、ここでは「靴ひもとミサンガ」を例にとって、ジンクスを味方につける方法を紹介します。

ジンクスというと、悪いことが起こる前兆の意味で使われることが多い言葉です。科学的な根拠よりも、それによって影響を受けた感情から引き出される結果がジンクスの形成には問題になります。たとえば、「靴ひもが切れた」とき、あなたは縁起の悪さを感じるでしょう。しかし、「ミサンガが切れた」としたら、〝願いが叶う〟と飛び上がって喜ぶのではないでしょうか？靴ひももミサンガも、形状・用途の違いこそあるものの、ひも状のものであることに変わりはなく、「切れた」という事実も同じです。しかし受け取り方ひとつで、あなたの表情が違ってきます。

しかし靴ひもが切れたときに、縁起がよいと考え方を変えることには無理があります。ここでお勧めしたいのは、**無理に考え方を変えるのではなくて、ミサンガを増やすこと**なのです。

正確に言うと、「ミサンガのような効果が思いつく、ラッキーのもと」をたくさんもつようにするのです。たとえば私の場合、「茶柱が立つ」「朝の電車で座れた」「入った喫茶店のウェイトレスが美人だった」など、10個以上のラッキーのもとをもっています。科学的な根拠など何もなくてもよいのです。なぜなら、自分の気持ちが明るくなることが重要だからです。

明るい気持ちになると表情も変わります。そのためのオリジナルの方法を複数もつことは、アクシデントに強い自分を手に入れることにつながります。イライラや落ち込むことがあっても長く引きずらせない。それがよい意味で「ジンクスを味方につける」＝ミサンガを増やすという考え方になります。あなたは自分の周りにミサンガをいくつつけていますか？ 切れにくいものばかりでなく、毎日ひとつ効果を発揮するくらいの切れやすい（見つけやすい）ものがお勧めです。それがよい状態の印象をキープできる秘訣です。

## ★毎日ひとつ効果が得られるくらい、たくさんのミサンガを用意しよう。

# 折れない心をつくる（視線のチカラ　V&A）

「緊張しやすくて、ここ一番という場面になると目が泳いでしまう」「ミスをすると落ち込み度が大きく、逃げ出したくなってしまう」といったようなことありませんか？　あなたの表情は心を映し出す鏡です。よい印象をキープするためにも表情は大切です。そのために、ここ一番という場面で「折れない心」にしていきましょう。心理学に視線解析という考え方があります。

脳の働きと視線の方向を研究したもので、見る方向によって上の図のような違いがあります。ここで注目したいのは「左下」と「右上」の2方向です。

《ここ一番に力を発揮させたいときには、視線をV字に描く》

緊張して不安なとき、①左下を見て目をとじて　②ゆっくりと前を向く、視線をV字に描く方法です。左下は「過去」＋「自分との対話」を促す方向です。①で「これだけ準備してきたじゃないか」「前にもできた、今回だってできるはず」と、努力と成功体験を自分に言い聞かせます。スポーツ選手が右手を左胸にあてて目をとじるシーンや、ボクサーが戦う前に下を向くのも同様です。**左下を向き、努力と成功体験を自分に言い聞かせたあとに前を向くと、瞳の力が違ってきます。**

《落ち込まず解決思考になるためには、視線をA字に描く》

「あぁ、やっちゃった」というとき、①右上を見る　②そのあと前を向く、視線をイタリック書体でA字に描く方法です。右上を見るときには、顔全体を向けるイメージで行うと効果的です。右上は「未来」＋「想像」を促す方向です。ミスした瞬間に視線を向ける方向で、次に思い浮かぶ考え・セリフが違ってきます。仮に、左下を見てしまったとしたら、「過去＋自分との対話」になるので、「ミスした原因を考えてしまう」「またやってしまった……」と悪い振り返りをしてしまうことにつながります。**人は右上を見ることで、「どうしようか」という解決策を自動的に考え始めます。**それが解決思考と呼ばれるものです。

あなたの表情ひとつで印象の見え方も変化します。アクシデントに強い「折れない心」が、印象をキープする鍵になります。

**★不安を消すには左下、落ち込まないためには右上に視線を移すこと。**

## 運のよい人になる（プロデューサー宣言）

運のよい人の周りには、運のよい人が集まるといわれます。経営の神様といわれている松下幸之助さんは、運のよい人を採用基準に入れていたそうです。運がよい人をどうやって見分けているのか？　という質問に対し、「運のええ（よい）人間は、自分のことを運のええ（よい）人間やと信じてはる」とお答えになっておりました。

人生にはさまざまなアクシデントが発生します。しかし、そうしたアクシデントを嘆くより、プラスに転化させて受け止められる人がいます。**「自分は運のよい人」と感じることができる人は、そうした受け止め方のできる人なのです。「陽転思考」といわれるその考え方は、周りの人へもよい影響を及ぼします。**だから「運のよい人の周りには、運のよい人が集まる」ように見えるのです。また同じように、感じのよい人の周りにも人が集まってきます。印象も周りに影響を与えるので、感じのよい人の近くにいるとあなたの印象もアップしてきます。逆に言うと、あなたの印象がよくなるにつれて、周りに少しずつ感じのよい人が増えてきます。お互いの印象の相乗効果によって、あなたの印象は引き上げられた状態でキープされていきます。

感じのよい人とは、運のよい人としての生き方ができる人です。運のよい人には共通した考え方や行動・習慣があります。そうした生き方を学ぶためには、書籍などから得た知識だけでは十分とはいえません。「この人はすごいなぁ」という人と、直接会ってみることが大切です。セミナーを受講してみるのももちろんよいですが、できれば直接会話ができるチャンスを得たいものです。直接会って話すということが、何よりもあなたの動機づけを高める気づきと刺激になるからです。

運のよい人と出会うためには、あなた自身が〝ほんの少し〟運のよい人の考え方と行動を共にしてみることが一番の近道です。本書でできることは、初めのきっかけを作ることです。あなた自身が「自分をプロデュースする」視点に立って、行動を起こすことが大切です。

本章では、運のよい人になるために、あなたが自分自身をプロデュースする方法を7つの視点で紹介します。運のよい人の行動を意識して実践することで、あなたの周りに少しずつ刺激的な人が増えてくるはずです。自分を引き上げるプロデューサーは、あなたです。

**★「運のよい人と自覚できている人」とつき合うことが、あなた自身を引き上げさせる。**

## 自分をプロデュース Lesson.01（脱ネガティブ）

一般的には、ネガティブの対義語はポジティブといわれています。しかしここでは、ポジティブになるのではなく、「脱ネガティブ」になることを目指しましょう。その理由は、ポジティブにある2つの側面を区別して捉える必要があるからです。

行動的で輝いている自分になるために、ポジティブな考え方はとても効果的です。しかし薬と同じように、効果が強ければそれだけ「用法・用量を守らないと副作用のリスク」もあるのです。では、ポジティブな考え方のどこにリスクがあるのでしょうか？　リスクの小さいものと大きいものとに分けて紹介します。

《A群：リスクの少ないもの》
・失注してしまった。だれかを責めたり自責を抱くばかりでなく、勝てる方法をそこから学ぶ。
・雨が降ってきた。留守宅が減って面談数も上がるだろう。

《B群：リスクの大きいもの》
・病気になったことに感謝しよう。健康の大切さを実感できるから。
・リストラにあって、自分の本当にやりたいことが実現できる環境が整った。

ポジティブな考え方とは、肯定的な側面に光をあてた思考方法のことです。B群に置かれた状況をイメージしてください。「健康の大切さは失って初めて気づく」というのは、結果としての話。またリストラを機に独立起業された方でも、振り返ってみたときに「すべては必然であった」と肯定的に過去を語っている場合が多いのです。つまり、いったん乗り切ったあと、いつまでも引きずらないという「前を向く考え方」がポジティブであって、**アクシデントの真っただ中で肯定的な考え方を無理に引き出そうとするのとは違います。**ともすれば、現実を逃避した感覚になってしまいます。ポジティブと言いながら、現実に直面し考察することをしないでいることがよいはずがありません。

そこで「脱ネガティブ」の考え方が大切になります。先ほどの例ではA群にあてはまるものであり、「まず現実を受け止めたうえで考える」という視点が大切なのです。脱ネガティブのポイントは、未来と過去です。未来は変えることができます。変えることができるからこそ、ネガティブに考える必要はありません。そして過去のネガティブな面を振り返っても、今の力にはなりません。過去を振り返るときこそ、ポジティブな側面に光をあてていきましょう。

**★脱ネガティブの視点に立つと、前を向く力が湧いてくる。**

## 自分をプロデュース Lesson.02（ブレイクスルー思考）

脱ネガティブな視点になれたら、次に意識してほしいのがブレイクスルー思考です。ブレイクスルー思考とは「打ち破る思考」のことで、プラス思考の一歩先をいく考え方です。

プラス思考とは「何事も前向きに考える」というもので、わかりやすく一般的に浸透している考え方です。しかし「大丈夫、きっとなんとかなるさ」というような、現実を直視しない使い方をしていると、プラス思考は〝楽観的な思考〟に傾いていきます。**楽観的思考はストレス軽減には役立ちますが、あなたの成長には残念ながら結びつきません。**

ブレイクスルー思考とは、壁を前にしたときに「いかにして乗り越えるか」「乗り越えた先のこと」を考える思考です。つまり「なんとかなるだろう」ではなく、現実の問題を受け止めたうえで、解決思考で取り組む姿勢から生まれます。ブレイクスルー思考ができる人には、共通した「強さ」があります。

私は飛び込み営業をしていた当時、先輩から「強さ」を学びました。

先輩　「二瓶さん、強い営業マンってさ、どういう人だと思う?」

私　「それは、必ず契約を取ってきて、ノルマも落とさない人ですよね」

先輩　「ちょっと違うな。本当に強い営業マンはさ……」
・断られないのではなく、断られても、もう一度声を掛けることができる
・失敗しても、もう一度前を向ける
本当に強い営業マンは、そういう人であると教わりました。壁を前にしたときに、悔しい思いをしたときに本当の強さの違いが表れてくるのです。

ブレイクスルー思考ができる人は、どの分野においてもプロフェッショナルを感じさせ、かつ多くの人から慕われるようになります。プラス思考の「前向きに考える」姿勢と、現実に向き合い、そして「くじけない行動」が「打ち破る思考」につながります。

**泣かないことが強いのではありません。泣いても、もう一度笑えることが本当の強さです。**何度も同じ失敗を繰り返して、印象もすっかり悪くなっていて……と落ち込むことはだれにだってあります。違いがあるとすれば、「次の行動をどうするか」なのです。自分を信じて、もう一度前を向く行動からブレイクスルーが始まります。

**★プラス思考だけでは成長できない。現実に向き合い、「打ち破る思考」をもつことだ。**

# 自分をプロデュース　Lesson.03（セルフイメージ）

もう一度前を向くためには、「自分を信じる」ことが必要です。自分を信じることとは、漢字でも示されているように、そのまま自信につながります。よいときもあれば失敗もある、そうした自分を自己評価することが、セルフイメージを構築するということです。セルフイメージを高めるために必要な方法と考え方を、それぞれ一つずつ紹介します。

**《セルフイメージを高める方法》**

ほめられたときの返事を意識しましょう（140ページ「ココロの準備体操③」参照）。「ありがとう」で返しましょう。ほめられても、謙遜してしまい「いや、そんなことないですよ」などと、つい返事を返してしまうことはないですか？　**「いや……」という謙遜の返事で返してしまうということは、ほめてくれた相手の気持ちを否定してしまうことにつながってしまいます。**傲慢に映るのではないだろうか？　と心配される方もいると思いますが、その気持ちがあれば大丈夫です。なぜなら、そうした謙虚な気持ちがあれば、「ありがとう」という言葉に感謝の気持ちもプラスして伝わるはずですから。

《セルフイメージに必要な考え方》

らせん階段を思い浮かべましょう。「同じ失敗を何度も繰り返して、何も成長できていない」などと考えてしまうことはありませんか？　失敗続きで結果が出ないとき、いつまで経っても同じところをぐるぐると回っているような、自分に対して無力感を覚えてしまうことがあります。こうしたときに「らせん階段」を思い浮かべてください。らせん階段は、円を描きながら昇っていきます。同じ場所に戻っているようでも、以前とは高さが違っています。もしあなたが、同じ失敗を繰り返しているように感じても、以前より少し高さが上がっているはずです。高さが違えば、景色も少しずつ変わってきます。そこに「成長のあと」が必ず残ります。

**この「成長のあと」こそ、自分オリジナルの武器になる素材です。**この素材を意識することができるようになると、あなたの印象は〝ほかの人とは違った魅力〟を放つようになってきます。この自分オリジナルの武器こそ、「自分軸」と呼ばれるものになります。

**★自分の成長を認めることがセルフイメージにつながり、自分軸を手に入れる契機になる。**

## 自分をプロデュース Lesson.04（自分軸の育て方）

自分軸とは、あなたが何かに「挑戦」「判断」をするときに、その基準となる考え方のことです。他人の評価ばかりが気になるときは、自分軸を再確認する必要があります。自分軸の発掘は、最近では就職活動の必須項目とまで言われていますが、〝見つけてそのまま〟になっていませんか？　ここでは自分軸の見つけ方と育て方、そして保ち方について紹介します。

《自分軸の見つけ方》

自分軸の素材は、あなたが経験してきた歴史の中にあります。あなたがもっている価値観につながる出来事を思い出してみましょう。大事にしている経験＋理由が素材になります。

- 苦しかったとき、乗り越えた〝経験〟
- 実現させたい夢をもった〝理由〟

この素材を下地にして、「なりたい自分の**方向性**、そのためにすべきと考えている**行動**」が自分軸になります。たとえば私の場合で説明すると、乗り越えた経験は「訪問販売」、夢の理由は「諦めてしまいそうになっている人の力になりたい」が下地になって、研修講師として今の自分がいます。

《自分軸の育て方》

口に出して言ってみることが大切です。口に出すことで、自分軸が旗となり、そこに人が集まります。つまり、あなたの夢をサポートする人が表れてきます。**自分軸は、心の中で温めてしまってはいけません。**

《自分軸の保ち方》

自分軸は道標です。自分軸を手に入れるということは、迷ってしまいそうなときに、自分の心に聞いてみることができるようになることを意味します。ただし、もう一つ大切なことがあります。それは「保ち方」です。**「他人の意見に惑わされないようにしよう」というスタンスになってはいけません。それでは視野を狭くしてしまいます。そうなっては、自分軸は旗でなく殻になってしまいます。**大切なのはバランスです。

あなたの周りにはさまざまな意見やアドバイスがあります。〝石橋を叩いて渡ろう〟〝善は急げ〟のように、正反対のアドバイスを聞いて右往左往しないことです。そうでないと、「石橋を叩いて渡っていたから、到着が遅くなってチャンスを逃した」と言いかねません。どちらが正しくて間違っているということではありません。その選択に、あなた自身が責任をもって臨むことが大事なのです。

**★自分軸は、正しくもつと、人が集まる〝旗〟になる。**

## 自分をプロデュース Lesson.05（1対4）

「魅力的な自分になろう」と決めて外に出ると、たくさんの情報に囲まれてきます。すれ違った人の印象やファッション、セミナーで学んだ言葉、そして本書にあるようなノウハウなど。自分軸を使って取捨選択したとしても、得た情報で満足してしまってはいけません。大切なのは、インプットではなくアウトプットです。「1対4」を行動基準にすることで、学んだことはあなたの力になっていきます。インプット1に対してアウトプット4の割合です。ここでは4つのアウトプット先を紹介します。

1. 自分に対して…　こころに問いかけて、
   ・自分の言葉に置き換えること
2. 友人に対して…　気づいたことを話して、
   ・意見を聞いてみること
3. 毎日の中で…　実践してみることで、
   ・自分の体験として取り入れること
4. 大切な人に…　教えていくことで、
   ・わかりやすく教えるよう工夫すること

おわかりでしょうか？　アウトプットといいつつ、すべて再びインプットされていく流れができています。「経験に勝る学びはない」と言われるように、アウトプットを繰り返すことで、情報はさらに消化しやすい形に変わっていきます。食べ物を食べるときに、〝よく噛んで〟食べることと似ています。よく噛んで食べることは、消化しやすくなるだけでなく、早食いによる過食を防ぐ効果もあります。セミナーに参加して、本を読んで学ぶことは大事ですが、「手当たり次第に」という状態になってしまっては、早食いによる過食と同じでよいことではありません。

アウトプットに必要な姿勢とは「向上心」です。向上心をもつということは、自分を外に出すということにつながります。外に出すという姿勢をもたないまま、学ぶことを繰り返していては「自分探しの旅」と変わりません。**自分というのは探すものでなく、実感するものです。**

たとえば、ボールの重さを実感しようとするときには2つの方法があります。

・もう片方の手に荷物を持って比較してみる
・投げ上げて、落ちてきたところをキャッチしてみる

いずれも、そのままボールを持っているだけでは実感することはできません。向上心をもつ人と会うと、応援したい気持ちになります。それは、だれかのために役立ちたいという人間の心理を捉えているからです。魅力的な人とは、慕われるだけでなく、応援したくなる人のことだともいえます。よい印象をキープするために必要なのは、向上心をもち続けることです。

**★最強のインプット法は、向上心をもったアウトプットにある。**

# 自分をプロデュース Lesson.06（シェアリング）

シェアとは分かち合うことを意味します。自分プロデュースでも、分け与える気持ちをもつことが大切です。ここでは、江戸時代の農学者である二宮尊徳（二宮金次郎）が、弟子に話した「たらいの水の原理」を紹介します。

《たらいの水の原理》
たらいに入った水を、自分のほうへ引き寄せようとすると、手前の縁にあたって逃げていく。水を相手に与えようと押し出すと、相手側の縁にあたった水が自分の方へ押し寄せてくる。

シェアできる仲間をもつということは、与える相手をもつということだけでなく、与えられるチャンスを増やすことにもつながります。そのようにして増えていく人のつながりのことを、「本物の人脈」といいます。印象をよくしたい理由とはなんでしょうか？　その理由はさまざまであると思いますが、**そのゴールは一つの言葉に置き換えることができます。その言葉とは「チャンス」です。**つまり「チャンス」を引き寄せるために、自分を磨くという発想が生まれているのです。

チャンスを広げようと人脈づくりを始めたとします。名刺を作り、交流会に参加……。行動を起こすことはよいことですが、「自分の軸」と「受け入れる気持ち」がないと意味を成し得ません。その場合は交流会に出掛けても、自分を宣伝したという気持ちになるだけで、自分の名刺が減り他人の名刺が増えるというだけの結果になってしまいます。

効果的な宣伝方法で代表的なものには、〝口コミ〟があります。あなたを商品に置き換えてみた場合、第一印象はパッケージにあたります。「中身はどうなんだろう？」「信頼できそうか？」という心理には、試供品や体験談が効果的です。相手を受け入れ、自分も開示する姿勢をシェアリングといいます。このシェアリングが、商品の試供品や体験談説にあたります。**相手と自分、双方向の流れがあって、初めてコミュニケーションが成立します。**シェアリングを大切にしたコミュニケーションは、あなたのファンをつくります。ファンが増えれば、あなた自身が宣伝をしなくても人の輪が広がっていきます。

そして、あなたの印象は口コミによって引き上げられていきます。この段階から重要になってくることは、キープではなくコントロールです。つまり、自分をどうブランディングしていくかということです。

**★シェアリングを忘れた人脈づくりは、あなたの印象を押し売りするだけで終わる。**

## 自分をプロデュース Lesson.07（カリスマ）

「○○といったら、あの人だ」と言われるようになれたら嬉しいですよね。あなたのことが口コミとして広がっていくようになると、「○○の人」として印象がブランド化されていきます。それは有名人に限ったことではありません。たとえば、あなたが営業の仕事に就いているとした場合、次のようなことがあると「○○の人」と言われるようになります。

- 売り上げトップになった
- 1000万円の契約を受注した

つまり、「トップセールスマン」「1000万円の人」と、あなたをイメージするときの飾りがつくようになります。こうした飾りが自分軸と重なってくるようになると、あなたの印象にカリスマ性がプラスされていきます。

「そんなにすごい実績がないから」と不安がらなくても大丈夫。たとえば自己紹介の場面で、あなた自身をキーワードで思い出せるように伝えましょう。

- 「訪問販売10万件の二瓶です」とか、
- 「印象上書きの達人こと、二瓶です」　など、何でもよいのです。

「○○の人」の○○には、自分軸につながるキーワードが入ればよいのです。

そこで重要になってくる考え方が、「欲張らない」ということです。たとえば、商品棚にあるPOP広告に「どこよりも安い」「○○氏も使っている」「最高級Aランクに認定」「女性にピッタリ」などと書かれてあるとします。一見すると多くの人のハートをつかみそうですが、幅が広すぎてインパクトに欠けてしまう結果になります。

**あなたをイメージするキーワードも、一つに絞ることが大切です。**「あれもこれも知ってほしい」と思うあまり、盛りだくさんのアピールポイントを話してしまうと、かえって焦点がぼやけてしまいます。お客様に商品説明したとき、「それで、一言で言うと、何？」と聞かれてしまった経験はありませんか？　それと同じ考え方なのです。ポイントを一つに絞ることで、相手はあなたのことを覚えやすくなります。するとほかのだれかとあなたの話題が出たときに、「○○の人」というキャッチコピーがプラスされやすくなります。この段階になると、あなたの印象は「ブランド化されてきた」ということになるのです。

**★自分軸につながるキーワードを一つ。それが、「○○の人」につながるキーワード。**

## 自分以外もプロデュース

あなたが憧れている人は、どのような人ですか？　私は訪問販売の営業マン時代からいまに至るまで、幸いにも「この人のようになりたいな」「この人と一緒に仕事がしたいな」と思えた人と出会うことができました。そうした気持ちを感じた人たちには、共通した意識・行動がありました。それは、**自分中心ではなく「ほかのだれかを主役にできる人」**なのです。つまり利己主義ではなく、利他主義のもとに行動ができる人です。

あなたがほかの多くの人たちから「あの人に、いつか感謝を伝えたい」と思われるようになれたとしたら、将来きっとよいことがあるような気がしませんか？　恨みを買うという言葉がありますが、それとは反対の「感謝を買う」ということになるのです。恨みを買うと、いろいろなところで話題になり、禍根となって残ります。インターネットの普及によってその広がりは無限大になります。だからこそ「感謝を買う人」になれたとしたら、その効果も無限大なのです。

あなたが自分のことだけを考えて「印象をよくしていきたい」と思っているとしたら、いますぐ軌道修正を図るべきです。あなたから感謝を買った人、つまりあなたが憧れている人をもう一度思い浮かべてみましょう。そこに「あなたが目指すべき印象」があるはずです。

ではどうすればよいのでしょうか？

特別に難しいことではありません。あなたから先に「感謝」をすればよいのです。つまり相手に対しての感謝の気持ちを大切にして、

・人とかかわりをもつこと
・「ありがとう」の言葉を伝えること
・今日に至るまでの経験を振り返ること
・相手のために何かできることはないだろうかと考えること

そう考えて湧き上がってくる気持ちが、利他の精神につながります。どちらが先ということはありません。あなたが感謝した気持ちは、必ずあなたのもとへ返ってきます。そのときに、あなたの印象は本物の「魅力ある印象」になることでしょう。

**★感謝を買う人になると、あなたの印象は「魅力」をもち、人から慕われるようになる。**

ココロの
準備体操
⑤

# 上げろ！　ココロの代謝量

最近では食事を制限するのではなく、筋トレや運動を取り入れたダイエットが注目されています。消費されるエネルギー量が増えることで、食べた分のエネルギーを脂肪にすることなく相殺することができるからです。

この考え方は、ストレスとココロの関係に置き換えても同じなのです。目標・夢をもつことや友人と話すこと、リフレッシュしたり、音楽を聴いたり……。ストレスに対処する方法はいくつもあります。そうした対処法を積極的に続けていくことが、「ココロの筋肉」を大きくする筋トレになるのです。

ココロの筋肉が大きくなって、消費できるエネルギー（消化できるストレス）が増えてくると、今までは辛く感じた出来事が少し楽に感じられてきます。ちょうど10キログラムのダンベルが、すっと持ち上がるように……。

脂肪がたまってしまうのは、ココロでいえばストレスがたまるのと同じこと。メンタルトレーニングで、ストレスを燃やしてしまいましょう。

# おわりに

この本を読み終えた今、あなたにとって「第一印象」は、どのように感じられているでしょうか？　本書のテーマは、「印象の上書き」です。それは「何度でもやり直せるんだ」ということを伝えたかったからです。20代を訪問販売の営業マンとしてすごした私にとって、第一印象には苦い思い出がたくさんあります。どれだけ身だしなみに気を配っても、訪問販売というだけで玄関さえ開けてくれなかったこともありました。しかし、本当に大切なのは第一印象ではなかったのです。

信頼は、第一印象から作られるものではありません。

ある日、お客様宅にごあいさつに行ったところ、次のような言葉をいただいたことがありました。「いやぁ、初めはどうしたもんかと思うとったけど、あんたしっかりしてるわな」。

そのひとことが、第一印象に縛られていた私を変えました。「一度失敗したからと言って、すべてがダメになるわけじゃない。そこで諦めてしまうことで可能性をも閉ざしてしまうのだ」と気づいたのです。

この経験を伝えたい。「本を出そう」と決意したのは、その思いがあったからでした。
☆出版は、自分自身で切り拓く道だ。と、私の心に火を点けていただいた 千田琢哉さん（ご縁をいただいたベストセラー作家の先生です）
☆出版セミナーのチャンスを、最高のタイミングで運んできてくれた 北川幹子さん
☆ずっと背中を押し続けていただいた 倉島麻帆さん（話し方講座でお世話になりました）
☆くじけそうになったとき、闘志を湧き立たせてくれた 笹川香里さん
☆バラバラだったコンテンツをまとめるヒントをくれたアイデアハンター 二宮真之さん
☆出版のノウハウを教えていただいた 吉江勝さん（スーパービジネスマン養成講座代表）
☆Ｎａｎａブックス様に縁をつないでいただいた 樺木宏さん（プレスコンサルティング代表）
☆私の稚拙な文章を丁寧に修正していただいた 八島心平さん（担当編集者の方です）
また、伊豆の出版セミナーで知り合ったみなさま、そして私が担当しているお客様からの温かい応援あってこその出版でした。本当にありがとうございました。

今の評価が、あなたのすべてであるはずはありません。印象・評価は必ず取り戻すことができます。本書がそのための一助となれば幸いです。

◉人生はRPG　一日を振り返るステータスチェックシート

# 自分の元気を 可視化 させる

手順①：元気の最大値を決める。［　　］点
◆おすすめは、15点

手順②：元気がプラスされるイベントとマイナスされる要素を書き出してみる。ストレス発散法や蓄積の原因を空欄に入れて表を完成させよう！

| プラスになるイベント | | マイナスになるイベント | |
|---|---|---|---|
| 睡眠（5h以上） | 6点 | 通勤 | −1点 |
| 睡眠（5未満） | 4点 | 会議 | −1点 |
| 食事（朝） | 点 | トラブル・叱責 | −2点 |
| 食事（昼） | 点 | 仕事（午前中） | 点 |
| 食事（間食） | 点 | 仕事（午後） | 点 |
| 食事（夜） | 点 | | |
| | | | |

手順③：朝起きたときから順に、足し算引き算してみよう

左ページの空欄上から、一日のイベントを
点数に置き換えて記入していこう

今朝起きたとき、　点から始まった。

| イベント | 点数 |
|---|---|
| | |
| ◎ 今から寝るところ | 点 |

注意：少なくとも、寝るとき5点以上ないと翌日はきっと辛くなる

大切なのは『寝るまでにいかに回復しておくか』ということ。就業後のストレス発散が重要！

## 【参考文献】


◆『Silent Messages: Implicit Communication of Emotions and Attitude』,『Journal of Consulting Psychology 31,1967, pp248-252』（Albert Mehrabian）

◆『世界は感情で動く』（マッテオ・モッテルリーニ　紀伊國屋書店）

◆『ゲシュタルト療法—その理論と実際』（フレデリック・S・パールズ　ナカニシヤ出版）

◆『ステレオタイプの社会心理学』（上瀬由美子　サイエンス社）

◆『人は見た目が9割』（竹内一郎　新潮新書）

◆『人の印象は3メートルと30秒で決まる』（江木園貴　祥伝社新書）

◆『問題解決力を高めるソリューション・フォーカス入門』（橋本文隆　PHP研究所）

◆『会社では教えてくれない仕事のルール』（長井亮　クロスメディア・パブリッシング）

◆『新・陽転思考』（小田全宏　日本コンサルタントグループ）

◆『「関係の空気」「場の空気」』（冷泉彰彦　講談社現代新書）

◆『みるみる話し上手になる本』（倉島麻帆　誠文堂新光社）

◆『成功したければ目標は立てるな』（後藤勇人　大和出版）

## 二瓶　達（にへい・さとる）

産業カウンセラー・心理相談員。1967年生まれ。大学卒業後、住宅設備関連の営業（訪問販売）に従事、5年間で約10万件の飛び込み営業を行う。春夏秋冬住宅地を歩き回り、顧客に与える印象の大切さを実感。そこで、"印象を上書きする"ことで、ここ一番のカリスマ性を発揮することに成功。自ら【逆転の心理学】と名付け、新人営業マンへの指導にもあたるようになる。営業力向上の目的から、心理職の資格を取得。若手営業マンのモチベーション向上と離職抑制を目的とした人財育成部門の新規立ち上げにかかわり、新人研修・営業研修の企画・講演を担当する。その後人事コンサルタントとして、経営者・管理職向けのメンタルヘルス対策コンサルティングを行う。並行して、研修講師として計300回、約7,000名に対し、実践型のコミュニケーション研修・メンタルヘルス研修を行う。人気セミナー講師の登竜門である「セミナー講師コンテスト」東京大会にて優勝。営業7年、人事・採用・教育14年の現場力を活かした講演・コンサルティングには定評がある。現在はImpression-Rewriting代表として企業研修、講演を中心に活動中。

★個別のご相談は以下までお気軽にご相談ください。
info@impression-rewriting.com

Nanaブックス
0106

第一印象に縛られるな！

2011年7月18日　初版第1刷発行

著　者――二瓶　達
発行者――福西七重
発行所――株式会社ナナ・コーポレート・コミュニケーション
〒160-0022
東京都新宿区新宿1-26-6　新宿加藤ビルディング5F
TEL　03-5312-7473
FAX　03-5312-7476
URL　http://www.nana-cc.com
※Nanaブックスは（株）ナナ・コーポレート・コミュニケーションの出版ブランドです

印刷・製本――シナノ書籍印刷株式会社
用　紙――株式会社邦友


ISBN 978-4-904899-18-2 C0034